SP
650.14 PAL
Palao Pons, Pedro
Trucos para encontrar traba
TRAN 1070721020

WORN, SOILED, OBSOLETE

TRUCOS PARA ENCONTRAR TRABAJO

TRUCOS PARA ENCONTRAR TRABAJO

Pedro Palao Pons

Copyright © EDIMAT LIBROS, S. A.
C/ Primavera, 35
Polígono Industrial El Malvar
28500 Arganda del Rey
MADRID-ESPAÑA

ISBN: 84-9764-531-6
Depósito legal: M-1082-2005

Colección: Trucos
Título: Trucos para encontrar trabajo
Autor: Pedro Palao Pons
Coordinación de la obra: Servicios Integrales de Comunicación
Olga Roig
Asesores: Luisa Cantarín, Lucía Domingo, Elisenda Gracia,
Ana Ibáñez, Maribel Lopera, Dionisio Trillo
Redacción y documentación: Patricia Bell, Adriana Magali,
Lydia Shammy, Eva Shongart, Yosano Sim
Corrección: F.M. Letras
Concepción gráfica: CKR Diseño

Diseño de cubierta: Alexandre Lourdel
Impreso en: COFÁS

Reservados todos los derechos. El contenido de esta obra está protegido por la Ley, que establece penas de prisión y/o multas, además de las correspondientes indemnizaciones por daños y perjuicios, para quienes reprodujeren, plagiaren, distribuyeren o comunicaren públicamente, en todo o en parte, una obra literaria, artística o científica, o su transformación, interpretación o ejecución artística fijada en cualquier tipo de soporte o comunicada a través de cualquier medio, sin la preceptiva autorización.

Las personas que aparecen en cubierta son modelos y sólo se utilizan como ilustración.

IMPRESO EN ESPAÑA – *PRINTED IN SPAIN*

ÍNDICE

INTRODUCCIÓN ... 11

1. ORGANIZANDO LA BÚSQUEDA DE EMPLEO ... 17
Una organización estricta y básica ... 18
  1. El tiempo y la regularidad ... 20
    A. Búsqueda de anuncios ... 24
    B. Análisis y evaluación de ofertas ... 24
    C. Programación de currículums, proyectos e informes ... 24
    D. Reuniones y encuentros ... 24
    E. Tiempo de estudio y reciclaje ... 25
  2. Los preparativos internos y externos ... 25
    A. La higiene ... 28
    B. El vestido ... 28
    C. Prendas de trabajo ... 29
    D. La expresión ... 30
  3. La hora de la verdad ... 31
    A. ¿En qué vamos a trabajar? ... 32
    B. Aprendiendo a clarificar preferencias ... 33
    C. Los canales de ocupación ... 34
La información que nos ayuda ... 34
  1. Deseos y capacidades ... 34
  2. Qué aportamos ... 34
  3. Las carencias ... 35
Aprender a valorar ... 35
  1. Sobre el horario ... 36
  2. Sobre la movilidad ... 38
    A. Tiempo de desplazamiento ... 39
    B. Coste de desplazamiento ... 39
    C. Costes adicionales ... 40
  3. Sobre las condiciones de seguridad ... 42
  4. Sobre lo poco habitual ... 42
  5. Sobre el sueldo ... 43

2. HACIA UNA BÚSQUEDA EFICAZ — 45
    1. Sector contactos — 45
    2. Sector puerta fría — 46
    3. Sector anuncios — 46
    4. Sector oficinas de empleo y ETT — 46
  Tres normas básicas — 47
    1. Disposición e información — 47
    2. Ser coherentes — 48
    3. Ser organizados — 48
  ¿Dónde está el empleo? — 49
  El sector contactos — 49
    1. Seguir un criterio — 50
    2. Ordenar el procedimiento — 51
    3. Sobre la actitud — 52
    4. Sobre el control — 53
  El sector puerta fría — 53
    1. Búsqueda de información — 54
    2. Clasificando estrategias — 55
    3. Llamando a la puerta — 56
      A. Asistencia directa — 56
      B. Asistencia telefónica — 58
  El sector anuncios — 60
  El sector oficinas de empleo y ETT — 62
  Internet: un mundo al margen — 65
    1. Sobre la búsqueda — 66
    2. Sobre la participación — 68
    3. Sobre el trato — 69
  No es oro todo lo que reluce — 71
  Creando nuestra web — 73
  El miedo al primer empleo — 75

3. APRENDIENDO A SELECCIONAR — 79
  Las muchas áreas de una empresa — 80
    1. Área de producción — 80
    2. Área comercial — 81

3. Área de administración y finanzas	81
4. Área de recursos humanos	81
5. Área de calidad	83
6. Área de información	83
Interpretando las ofertas	83
1. Anuncios de rigor	84
2. Anuncios que confunden	84
3. Anuncios por tamaños	84
4. Anuncios con logotipos	85
5. Otros aspectos que conviene tener en cuenta	85
¿Con qué me quedo?	87
1. Sobre la retribución	87
2. Sobre la estabilidad	88
3. Sobre la promoción	88
4. Sobre los trabajadores	89
5. Sobre el desarrollo	90
Otros aspectos a considerar	90
4. NUESTRAS TARJETAS DE PRESENTACIÓN	**93**
1. Organización	94
2. Cuidado	94
3. Redacción y diseño	95
4. Empatía	95
5. Prohibiciones	96
6. Otras consideraciones	96
Los datos del currículum	97
1. Datos personales	97
2. Datos académicos	97
A. Informática	98
B. Idiomas	98
3. Datos laborales	99
4. Datos complementarios	99
Los modelos de currículum	101
1. El modelo cronológico	101
2. El modelo inverso	101
3. El modelo funcional	102

Esas mentirijillas tan conocidas	102
Las cartas de presentación	103
1. Identificación	104
2. Destinatario	104
3. Datación	105
4. Firma	105
5. Contenidos	105
6. Aspectos a considerar	105

5. LA ENTREVISTA — 107

Una formación previa	108
Generando buenas impresiones	109
Cuando llega el cara a cara	109
Síntomas negativos	111
La entrevista en sí	112
1. Fase de recepción	112
2. Fase de primer contacto	114
3. Fase de atención	115
Algunos aspectos a considerar	116
Cuatro puntos esenciales	117
1. Aprender a escuchar	118
2. Buscar lo creativo y positivo	119
3. El arte de ser breve	121
Diferentes tipos de entrevistas	121
A. Entrevista Individual	121
B. Entrevista múltiple	122
C. Entrevista comité	122
Esas preguntas tan interesantes	124
1. Nivel personal	125
2. Nivel académico	126
3. Nivel intencional	127
4. Nivel laboral	128
5. Nivel de autovaloración	129
6. Nivel económico y dedicación	130
Las peores preguntas	131

Ruegos y preguntas ... 134

6. LOS MENSAJES DEL CUERPO ... 137
La importancia del encuentro ... 137
Aprendiendo a saludar ... 138
Las muchas formas de dar la mano ... 140
El saludo trampa ... 141
Los gestos del diálogo ... 141
Hablando de nosotros ... 144
Los gestos y las pruebas escritas ... 146
Sobre la negociación ... 148
Otros aspectos a considerar ... 149
    Introversión o extraversión ... 149
    Ser de confianza ... 150
    Relajación o angustia ... 150

7. LAS PRUEBAS DE SELECCIÓN ... 151
Pasando pruebas ... 152
    1. Test de aptitud verbal ... 153
    2. Test de aptitud numérica ... 153
    3. Test de aptitud espacial ... 153
    4. Tests de aptitud manipulativa ... 153
    5. Test de atención y concentración ... 153
    6. Tests proyectivos ... 154
Antes de ejecutar un test ... 154
Las pruebas de personalidad ... 155
    1. Apertura y adaptación al cambio ... 156
    2. Reciclaje y aprendizaje ... 156
    3. Polivalencia funcional y flexibilidad ... 156
    4. Cooperación y trabajo en equipo ... 156
    5. Adaptación a la filosofía de la empresa ... 157
    6. Implicación ... 158
    7. Perspectivas y visión de futuro ... 158
    8. Autonomía y decisión ... 158
    9. Movilidad geográfica ... 158
    10. Estudios complementarios ... 159

INTRODUCCIÓN

Aunque nos pueda parecer algo lógico, no basta con buscar trabajo, es preciso encontrarlo y hallar con él no sólo el puesto que nos resulte más interesante, más rentable y más adecuado para nuestra formación, sino también una forma de sentirnos realizados en la vida. Si a todo ello le añadimos las tasas de paro, la competencia laboral y la precariedad, vemos que buscar trabajo es complejo, pero hallarlo nos parece todavía más difícil. Sin embargo, con un poco de paciencia y un correcto orden de funcionamiento, es factible asegurar que el trabajo que nos corresponde está ahí, esperándonos para que lo llevemos a cabo.

Esta obra es una guía, práctica ante todo, cuyo objetivo es que la persona que está buscando trabajo, ya sea porque ha finalizado sus estudios o por estar en paro, sepa qué debe hacer, cómo tiene que actuar y de qué manera puede hacerlo con efectividad.

Nuestro objetivo es poner al alcance del lector una amplia visión de diferentes aspectos claves que, tenidos en cuenta, pueden serle de gran ayuda para obtener el puesto laboral que se merece.

Los tiempos cambian: se modifican los planes de estudios, se transforman los sistemas de funcionamiento de las empresas, cambian las maneras de publicitarse las ofertas de trabajo y, por supuesto, las estrategias seguidas en las entrevistas y selecciones de personal, así como la forma de elaborar y presentar los currículums. Pese a tanto cambio, en esencia el objetivo es el mismo: trabajar. Así pues, lo único que debemos hacer es adecuar nuestros procedimientos y formas de actuar a dichos cambios, y para ello precisamos información y el conocimiento de ciertas estrategias.

A lo largo de las páginas de este libro abundaremos en todos los aspectos vinculados a la búsqueda de empleo. De entrada, como decíamos, debemos partir de una base cero, de la nada, para de esta forma ir construyendo poco a poco un plan que nos lleve al éxito.

Hay personas que se enfrentan por primera vez al mundo laboral cuando han acabado sus estudios. Puede que en el transcurso de ellos hayan tenido alguna ocupación temporal, para «ir haciendo», pero cuando desean buscar un trabajo de más envergadura se encuentran con que no siempre han sido preparados para ello.

Otro tanto sucede con quien tras años de estar trabajando se encuentra en paro. Dicha persona ha perdido la dinámica o la costumbre de preparar un currículum, tiene pavor a una entrevista laboral y se encuentra totalmente desorientado sobre los pasos a seguir. Todo ello, al margen de una serie de conflictos emocionales y de orden psicológico que pueden ir apareciendo a medida que nos encontramos con que el trabajo buscado no aparece o que las entrevistas de selección se suceden unas a otras sin éxito alguno.

Buscamos trabajo, sí, pero ¿cómo hacerlo? Una cosa es buscar algo para pasar una temporada, para compaginarlo con los estudios, para «contribuir» a la economía familiar, y otra bien distinta es buscar un trabajo que nos pueda dar cierta calidad no sólo económica sino también laboral.

Para entrar en este apartado al que nos hemos referido, no tendremos más remedio que plantearnos seriamente que buscar trabajo es también un trabajo o, si se prefiere, una inversión a la que le tendremos que dedicar un buen número de horas al día y seguramente de días a la semana.

Nuestro trabajo en busca del puesto laboral ansiado pasará, como veremos, por crear una dinámica, unos horarios y una serie de costumbres diarias, como levantarnos a la misma hora y organizar nuestro tiempo para, por ejemplo, poder leer atentamente las ofertas de empleo.

Tendremos que prepararnos para llevar a cabo numerosas llamadas de teléfono, aprender a tomar nota de ellas, preparar currículums, asistir a pruebas de selección de personal, someternos a entrevistas a las que, además de bien pulcros, aseados y con buena presencia, tendremos que acudir con serenidad y seguridad. En fin, como vemos, tendremos que «trabajar» para encontrar un trabajo.

Para todo ello hemos preparado esta obra que enseñará al lector en primer lugar a leer adecuadamente un anuncio de empleo y poder valorar así qué se le está pidiendo. Veremos también de qué forma y por qué medios podemos generar estrategias para encontrar las mejores ofertas de empleo que diariamente aparecen en el mercado laboral.

Llegados al punto anterior, conoceremos las técnicas más precisas para preparar no sólo nuestra presentación a través del currículum, sino también en persona, cuando llegue el momento de la entrevista de trabajo.

La entrevista laboral suele ser uno de los peores tragos que le toca pasar al que busca empleo, por eso centraremos la atención en aspectos importantes que muchas veces descuidamos y que son vitales para que la entrevista laboral nos pueda conducir al éxito. Recordemos que la entrevista que tiene por objeto conseguir un adecuado empleo debe prepararse a conciencia.

En las entrevistas dejaremos a un lado la improvisación y nos ocuparemos de trabajarlas como si se tratase de un guión teatral. En este sentido, abordaremos desde las técnicas para recabar información sobre la organización a la que optamos, hasta cómo puede llegar a influir la actitud que desarrollemos para conseguir una valoración positiva de nuestra persona.

No queremos pasar por alto otro aspecto que es también de suma relevancia: cómo buscar trabajo cuando ya lo tenemos. Nunca debemos limitar nuestras aspiraciones ni tampoco nuestros horizontes profesionales. Conformarse no es compatible con el triunfo laboral.

Estar ocupado no siempre es sinónimo de tener un buen trabajo o uno que se ajuste a nuestras necesidades o pretensiones. Siempre debemos procurar estar en condiciones de ir a más.

Estar en el mercado laboral es un gran paso, pero podemos mejorarlo, ya sea efectuando cursillos de reciclaje que nos permitirán acceder a puestos de más responsabilidad y, por tanto, de más ingresos económicos, o bien optando a nuevos trabajos, ya sea en empresas similares a la nuestra o que pertenezcan a otro ramo.

Como vemos, si se nos permite la redundancia, el trabajo que tenemos por delante es largo e interesante, así que, como suele decirse, dispongámonos a pasar sin pausa a ponernos «manos a la obra».

01

ORGANIZANDO LA BÚSQUEDA DE EMPLEO

A la hora de encontrar trabajo, quizá la frase que más podría resumir el éxito es la de «estar en el lugar adecuado en el momento adecuado», es decir, lograr a través de la comunicación oral, o lo que es lo mismo el popular «boca a boca», las referencias, los contactos, la diversificación y también, cómo no, la buena suerte, que más podría resumirse como el don de la oportunidad. A lo largo de las páginas siguientes veremos de qué manera debemos crear una estrategia sobre nuestra persona, y acciones a seguir en función de las necesidades laborales.

Para buscar un empleo de forma coherente tenemos que utilizar todos los recursos a nuestro alcance y, seguramente, si nos paramos a pensar un poco, tenemos más de los que a simple vista podemos imaginar. Aquella frase de «hay que aceptarlo todo» es válida, pero sólo relativamente. Es cierto que puede que llegue un momento en que debamos desistir de nuestros objetivos prioritarios y que, por las circunstancias, la presión social o incluso económica, no tengamos más remedio que dejar de lado los objetivos que marcaba nuestra campaña de búsqueda de empleo y trabajar en lo primero que aparezca. No hacerlo sería un error, pero conformarnos con lo obtenido y dejar de lado nuestras prioridades, también.

Para organizar una búsqueda de empleo debemos marcarnos unas prioridades que englobaremos en dos niveles básicos. Por un lado determinaremos el tipo de empleo que deseamos y las condiciones de trabajo a las que aspiramos de forma óptima. Por otra parte, estructuraremos un empleo de «segundo nivel», es decir, nos prepararemos para poder aceptar otros trabajos y condiciones que no concuerden con las prefijadas.

Si nos marcamos los dos niveles básicos de búsqueda laboral, ganaremos en dos áreas: por una parte no tendremos la sensación de fracaso si no podemos ocupar el puesto ansiado en primer lugar. Muchas personas caen en el error de apagarse, frustrarse y terminar por deprimirse, porque no se cumplen sus objetivos, cuando en realidad no se dan cuenta de que sus objetivos podían haber sido mucho más amplios o estructurados en otro sentido. La segunda ventaja de este tipo de organización de búsqueda laboral nos lleva a no perder la fuerza de voluntad ni las aspiraciones. Así, una vez ya tenemos por ejemplo el trabajo de segundo nivel, lejos de acomodarnos en él, podremos, con una perspectiva más clara y seguramente sosegada, seguir trabajando para encontrar el empleo que consideramos nos merecemos realmente.

UNA ORGANIZACIÓN ESTRICTA Y BÁSICA
Lamentablemente el trabajo no crece en los árboles ni las ofertas suelen llegar llamando a nuestra puerta. Incluso cuando alguien nos hace una oferta laboral es porque antes hemos sabido «lan-

zar» los anzuelos pertinentes, y ellos siempre salen de nuestra actuación. Alguien que se quede en las palabras «tengo que buscar trabajo» o «a mi edad no sé qué voy a encontrar», o aquel otro de «nunca he trabajado, no tengo experiencia y no sé por dónde empezar», realmente lo tiene difícil. Hay que aprender a promocionarse y hacerlo de forma adecuada.

Ante todo debemos ser conscientes de un punto básico que no debemos ver como peyorativo: somos un producto, y como tal debemos ser capaces de «vendernos» y darnos a conocer. Somos nuestra propia marca, nuestra propia empresa, nuestro propio departamento de márketing y ventas. Debemos estar preparados para resultar interesantes en el mundo laboral.

De la misma forma que difícilmente se venderá un producto que no ha sido publicitado con anterioridad, será complejo que nos conozcan si no comunicamos nuestra oferta laboral, ya sea enviando currículum, efectuando un anuncio sobre nuestras necesidades, dando voces de nuestra situación a amigos o conocidos, o incluso participando apuntándonos a las listas de desempleo.

De igual manera que nadie compraría un producto cuyo envase no fuera atractivo, presentase malformaciones o suciedad e incluso no se supiera exactamente qué contiene, así sucede cuando buscamos trabajo. Nuestro envase es la forma en que nos acercamos al mundo: la pulcritud, limpieza, el cuidado e higiene por uno mismo. Pero también la educación, las buenas maneras de actuar, la seguridad, la disposición, etc. Alguien que acude a una entrevista de selección de personal sin asear, oliendo mal, vestido de forma poco higiénica o tal vez poco adecuada para el puesto al que aspira, alguien que cuando habla se expresa de una manera condescendiente o fuera de tono, o incluso que lleva marcada en su frente la palabra «fracaso», no invita como «producto». Debemos pues aprender a modificar aquello que sea necesario para poder alcanzar el ansiado triunfo.

Con lo referido anteriormente no queremos decir que una garantía de encontrar trabajo pase sólo por nuestro aspecto y maneras; es evidente que si tras un envase muy atractivo no hay un buen producto, éste no resultará interesante. Efectuemos la comparación con un producto de consumo. A veces adquirimos algo que posee un gran envase, con un perfecto diseño, con un agradable tono cromático, y que viene respaldado por una buena campaña de promoción, y luego resulta que cuando lo abrimos nos llevamos una decepción. Esto mismo puede suceder en el mercado laboral. Nuestro exterior debe ser un reflejo de nuestro interior, y éste vendrá determinado por nuestro currículum, nuestros conocimientos sobre la materia a desarrollar laboralmente y las capacidades humanas que tengamos para ello.

Para lanzar un producto al mercado es necesario llevar a cabo una correcta planificación, y con la búsqueda de trabajo también. Veamos seguidamente algunos puntos que debemos tener en consideración:

1. EL TIEMPO Y LA REGULARIDAD

Debemos dejar de lado la frase «tengo que buscar trabajo» y sustituirla por «quiero encontrar trabajo». Este aspecto tan simple ya condiciona la actitud a seguir. Es evidente que queremos hallar un trabajo, pero a veces nuestros intereses van por un lado y las emociones por otro. Queremos, debemos y tenemos que encontrar trabajo, y ello no será «un día de éstos», sino que debemos empezar a organizarnos de inmediato.

- Para evitar la apatía nos ayudaremos con frases positivas que refuercen nuestra persona y nuestras capacidades laborales.

- Evitaremos caer en los tópicos de la edad y la inexperiencia para retardar la búsqueda de trabajo. Debemos tener frases preparadas para respondernos a ello.

- Siempre que aparezca en nuestra mente una intención que nos encamine hacia el aplazamiento de la búsqueda de ocupación, debemos tomar nota de ello y exigirnos pasar a la práctica.

- Si pese a todo nos damos cuenta de que no somos capaces de mantener una regularidad o que llevar a cabo muchas acciones nos implica algo engorroso, recurriremos a las micrometas.

Algunas personas, cuando tienen muchas cosas que hacer en un mismo día, al final no saben por dónde empezar y acaban abandonando. Es mucho mejor organizarnos las actividades de forma reducida y con un suficiente margen de tiempo entre ellas.

La búsqueda sin rigor no nos llevará a ningún lado. Debemos pues organizarnos la cotidianidad, y para ello la regularidad será un punto importantísimo. No tener trabajo no quiere decir que nuestra vida deba ser una réplica de aquel «dolce far niente», es decir, de la dulzura de no hacer nada.

Estar en paro no es estar de vacaciones. Debemos exigirnos una regularidad en los horarios, tanto a la hora de levantarnos por la mañana, como de acostarnos por la noche, de cumplir nuestras obligaciones en el hogar y para con la familia o para con nosotros mismos, y por supuesto ser regulares en nuestros hábitos alimenticios.

No tenemos trabajo, de acuerdo, pero lo vamos a buscar o mejor dicho lo estamos buscando, y recordemos el concepto de que ello es también un trabajo para el que debemos estar perfectamente preparados.

Es evidente que no siempre será posible llevar a cabo una jornada laboral de ocho horas e invertirlas en la búsqueda de trabajo, pero sí que destinaremos buena parte de la jornada a desarrollar dicha ocupación.

▸ Nos levantaremos cada día a la misma hora y siempre dentro de un horario prudencial. No debemos desatender nuestra higiene diaria ni desayuno. Tenemos que estar en condiciones de llevar a cabo una «jornada laboral».

▸ Mantendremos un escrupuloso orden en nuestra vida. Los psicólogos afirman, y no les falta razón, que cuando una casa está perfectamente ordenada, también lo está nuestra vida y, por tanto, nuestra mente.

▸ No debemos permitir que en nuestra casa se acumule ni la suciedad ni el desorden.

▸ Crearemos un calendario de ocupación establecido por horas en el que remarcaremos qué acciones debemos efectuar cada día.

▸ Debemos disponer también de un lugar desde el que trabajar. Un espacio desde el que poder leer los anuncios de los periódicos, efectuar llamadas con tranquilidad y programar actividades.

▸ Si disponemos de ordenador nos será de gran utilidad tanto para la búsqueda de empleo como para preparar nuestros currículums o, incluso, según el caso, efectuar estudios a distancia o recabar información alusiva al empleo. Lo ideal será que el ordenador se encuentre en el mismo lugar que hemos destinado para trabajar.

▸ En el caso de no disponer de ordenador, no tendremos más remedio que acudir al de un amigo o a un cibercafé. Si éste fuera el caso, tenemos que preparar una carpeta en la que tendremos perfectamente ordenado todo lo relativo a la búsqueda de trabajo.

▸ La organización pasa por saber en todo momento qué estamos haciendo y qué resultados tiene lo ejecutado. No hay nada peor que ir marcando los anuncios de un diario y luego efectuar notas sobre él. Debemos aprender a ser pulcros en este cometido.

▸ Debemos hacer lo posible por abrir una ficha para cada uno de los anuncios a los que acudamos, llevando una agenda sobre las ofertas de empleo, las llamadas que hemos hecho, la información que hemos obtenido de cada una de ellas y a qué acuerdos hemos llegado, como, por ejemplo, enviar un currículum, llevarlo en visita personal, etc.

Al margen de los puntos anteriores, debemos estructurar las actividades de la jornada de manera que no resulten ni tediosas ni tampoco excesivamente pesadas o repetitivas. Siempre será mejor destinar unas horas a leer anuncios, otras a llamar y otras a preparar el envío de currículums que hacer todo ello en días enteros. En nuestro calendario personal de actividades debemos marcar tiempos para las siguientes actividades:

A. Búsqueda de anuncios

Ya sea en la prensa, mediante Internet o a través de reuniones con amigos y conocidos, debemos efectuar un seguimiento sobre los anuncios laborales. Destinaremos un tiempo importante en acudir a la oficina de empleo para verificar los anuncios que se suelen incluir en ella de forma periódica.

B. Análisis y evaluación de ofertas

A veces podremos hacerlo a simple vista observando un anuncio, aunque la mayor parte de las veces tendremos que efectuar llamadas telefónicas. Debemos pues programarnos bien para estas gestiones. Recordemos que, muchas veces, cuando llamamos a una oferta de empleo, es preciso insistir. No hacerlo, al margen de un signo de poco interés, es una forma de manifestar nuestra falta de voluntad.

C. Programación de currículums, proyectos e informes

No todo pasa por un currículum. En determinadas profesiones se nos pedirá que elaboremos proyectos y presupuestos de nuestras ofertas. Aunque es un campo diferente, el hecho de buscar un nuevo cliente no deja de ser una forma de buscar empleo.

En otras ocasiones ocurre que, tras presentar un currículum, se nos pide un proyecto como prueba laboral de acceso al empleo. Debemos estar preparados para ello y destinarle también un tiempo.

D. Reuniones y encuentros

El trabajo siempre surge de una serie de reuniones. Si reservamos un tiempo para ellas, debemos reservarlo también para preparar las entrevistas de trabajo y las selecciones de personal.

E. Tiempo de estudio y reciclaje

Un trabajador debe estar al día de lo que pasa en el mundo y a veces incluso debe estudiar o reciclar ciertos conocimientos. Tanto para una cosa como para otra debemos disponer de un tiempo al cabo del día.

Por supuesto, si nuestro objetivo de trabajo es presentarnos a unas oposiciones, debemos destinar un tiempo de estudio mucho mayor que para otras temáticas. De todas formas, recordemos que mientras preparamos una oposición también podemos destinar otra parte del tiempo a buscar empleo en otra cosa.

2. LOS PREPARATIVOS INTERNOS Y EXTERNOS

Como vemos a través de los apartados anteriores, la organización se convierte en vital para la correcta búsqueda de un empleo, pero hay otro aspecto que también es muy relevante, y es cómo nos preparamos para ello. A grandes rasgos, diremos que un buen trabajador debe organizarse no sólo para estar a la altura de lo que se le pide en un puesto laboral, sino también para concordar con él.

Definiremos como aspectos internos aquellos condicionantes que se refieren al conocimiento, sabiduría e inteligencia. Es decir, a la capacidad que tenemos de convertir en realidad todo aquello que dice nuestro currículum de nosotros. Cuando abordemos este tema ya veremos que la mentira o el «engaño inocente», además de no existir, puede representar un grave problema. Pero de todas formas, si en un informe decimos que «dominamos» tal o cual técnica, idioma o forma de actuación, es evidente que no sólo debe ser verdad, sino que, además, debemos recordar perfectamente cómo se hace.

La preparación interna pasa forzosamente por el reciclaje. Si decimos que somos diseñadores gráficos y resulta que hace dos años que no hemos trabajado en dicha ocupación, seguramente habremos perdido el tren de la actualidad. Conoceremos el medio pero nos faltará cierta pericia o cierta agilidad a la hora de superar una prueba de trabajo en la que tal vez se habrán presentado otras personas que hace tan sólo un mes que han dejado de trabajar en ello, personas que por lógica actuarán de una forma más fluida que nosotros.

Ante situaciones como las referidas, tenemos dos opciones: o nos ponemos al día, o eliminamos una línea de currículum. Particularmente, creemos que esta segunda opción es la menos recomendable, porque es una forma de cerrarnos puertas. Dicho de otro modo, tocará estudiar o ponernos al día y debemos reservar un tiempo para ello.

El caso anterior es también aplicable a los idiomas. Los currículums, cuando se refieren al conocimiento de idiomas, suelen estar llenos de palabras como: «nociones», «dominio» o incluso «conocimiento». Si tenemos nociones de un idioma debemos esforzarnos por poder demostrarlo cuando haga falta. Es más, debemos repasar y estudiar de nuevo si hace falta, de esta forma quizá podamos poner más adelante que lo dominamos.

Como resumen al punto anterior, debemos tener claro que una cosa es lo que decimos saber o afirmamos poder hacer, y otra bien distinta suele ser lo que somos y hacemos en la realidad. Recordemos que los títulos dicen bien poco si luego no sabemos poner en práctica aquello que asevera el título que presuntamente dominamos. Por supuesto, la experiencia es un grado en estas materias, pero incluso debe poder demostrarse.

Otro aspecto que debemos tener muy presente cuando busquemos trabajo es el concepto de los tics aprendidos. El tiempo hace que nos acostumbremos a una forma de funcionar y de trabajar. Este hecho suele venir marcado por las prerrogativas y forma organizativa de la empresa en la que estuvimos desarrollando nuestra actividad anterior.

La forma de trabajar de una empresa no es ni mejor ni peor que otra, pero sí diferente, y debemos estar en condiciones de adaptarnos a ello en todo momento. Que en un lugar no trabajemos en equipo no implicará que en otro sí debamos hacerlo y que, por tanto, debamos empezar a utilizar nuestro «don de gentes» o capacidades sociales para ello.

Decíamos anteriormente que hay dos mundos o planos vinculados con los preparativos: uno interior y otro exterior. Si nuestro conocimiento o dominio cultural y de capacitación para un trabajo es relevante, nuestra capacidad exterior también lo es.

La capacidad externa se resume en la apariencia de lo que somos, y ésta, forzosamente, vendrá determinada por nuestro aspecto físico en general, es decir, por la forma de vestir, por el cuidado de nuestro cabello, rostro, manos, etc., pero también quedará determinado por la expresión del rostro y la forma que tengamos de hablar, gesticular y saber estar.

Aspectos como los mencionados no pueden olvidarse y debemos mimarlos al máximo y tenerlos como un tema más del que ocuparnos mientras buscamos trabajo.

Veamos algunos ejemplos a modo de reflexión:

▸ ¿Aceptaríamos como trabajador a alguien que se presenta desaliñado, poco aseado o con un vestir anómalo y extraño?

▸ ¿Creemos que una persona que se muestra apática en sus resoluciones verbales, en sus gestos o en la expresión de su rostro puede poseer dinamismo? ¿Sabrá resolver un problema?

▸ Alguien que titubea para dar una respuesta, cuya mirada siempre está dirigida hacia el suelo, y encoge su cuerpo, ¿será un buen trabajador?

Es evidente que, fuera de contexto, cuestiones como las anteriores pueden parecer exageradas; sin embargo, la competencia que hay en el mundo laboral es tan fuerte que bien merece tener en cuenta dichos aspectos. Por todo ello, en esta fase de organización y preparación que estamos llevando a cabo, debemos cuidar y mimar también aspectos como los referidos, poniendo especial interés en aspectos como los siguientes:

A. La higiene

Velaremos por mantener una exquisita limpieza de nuestro cuerpo. La higiene no sólo alimenta la belleza, sino que también nos resulta ventajosa de forma emocional. Si nos sentimos limpios, arreglados y en condiciones físicas, seguramente nuestra mente también actuará así y ello redundará en beneficios cuando busquemos trabajo.

B. El vestido

Muchas personas, cuando están en su casa, en paro, cometen el error de no vestirse y permanecer todo el día con el pijama por una cuestión de comodidad. Decimos que es un error porque de forma inconsciente se están acostumbrando a una dinámica que será inviable, no sólo para trabajar, sino para buscar trabajo. Llevar el pijama todo el día nos creará, entre otras cosas, apatía, desgana, falta de motivación.

En casa debemos estar cómodos para realizar las funciones de búsqueda de trabajo o estudio, pero en cuanto nos hayamos levantado de la cama procederemos a asearnos y vestirnos para sentirnos vivos, activos y dispuestos a darle empuje a nuestra vida.

C. Prendas de trabajo

No sólo debemos cuidar la imagen y la forma de vestir cuando estamos en casa, mucho más cuando tengamos una reunión con la futura empresa o cuando asistamos a cualquier tipo de entrevista. En estos casos no estará de más que preparemos con detenimiento qué ponernos y evidentemente ajustar las prendas de ropa a unas normas de corrección y que tengan una cierta correlación con el trabajo al que acudimos. Recordemos en este sentido que no debemos confundir elegancia con pretensión o soberbia y que ir a la moda no siempre pasa por destacar más de la cuenta.

A la hora de vestirnos para una entrevista de trabajo escogeremos siempre prendas que nos hagan sentir bien, que nos aporten comodidad, pero que no sean extremadas ni demasiado llamativas. Ya sabemos que el hábito no hace al monje; por eso, y partiendo de la base de que puede haber ciertas prendas que nos generen incomodidad, declinaremos usarlas. Una cosa es vestir de forma correcta y otra que para hacerlo nos pongamos un «disfraz» que, al no estar acostumbrados a usar, al final redundará negativamente en la forma que tengamos de expresarnos o incluso de gesticular.

Para simplificar las cosas, lo ideal es disponer de dos o tres «uniformes», es decir, dos o tres conjuntos de prendas que emplearemos para las entrevistas y reuniones de trabajo. Dichas prendas, si nos resultan un tanto extrañas, debemos usarlas en casa para ir acostumbrándonos a ellas y de esta forma poder actuar con más normalidad cuando las empleemos en los encuentros laborales.

D. La expresión

Es evidente que cada persona tiene una forma de hablar, un tono de voz, y que suele recurrir con frecuencia a un cierto número de palabras. De entrada conviene saber que la riqueza de vocabulario no se adquiere únicamente viendo la televisión, donde la mayoría de los diálogos suele dejar bastante que desear.

La riqueza de vocabulario la aprenderemos en la lectura, ya sea de libros, diarios, revistas, y también escuchando mucho la radio. Debemos hacer un esfuerzo en este sentido por enriquecer nuestro vocabulario, ello nos permitirá expresarnos mejor en un currículum y verificar que no tiene faltas de ortografía. Por otra parte, nos dará mayor soltura al hablar en público, ya sea en una entrevista laboral o una selección de personal.

Decíamos que no podemos cambiar nuestra voz, pero lo que sí podemos hacer es modificar los tonos y las formas en que los empleamos. Debemos hacer un esfuerzo por modular la voz. Tan nefasta puede ser una persona que tiende a elevar la voz de forma innecesaria como aquella otra que emplea un tono de voz que poco a poco va decreciendo hasta hacerse casi inaudible. Por supuesto, tampoco son muy recomendables los tonos con altibajos.

Tenemos que intentar escuchar cómo hablamos, y si es preciso nos grabaremos en una conversación o efectuando una explicación en voz alta. Debemos corregir los tonos: no será lo mismo indicar nuestras pretensiones económicas con la voz queda, que hacerlo en un tono excesivamente alto, que modularlo de forma adecuada. Por otra parte, y aunque profundizaremos oportunamente en ello, nuestro tono debe reflejar vitalidad, interés, dinamismo, capacidad y seguridad.

Otro aspecto a resaltar de la expresión es el llamado lenguaje gestual. Debemos intentar aprender a dominar nuestros gestos, a ser conscientes de ellos, a ver qué tipo de tics tenemos para descubrir los hábitos nefastos, como por ejemplo mantener una conversación con los brazos cruzados o en los bolsillos, lo que podría significar una profunda introversión y desconfianza hacia nuestros interlocutores.

La mejor forma de descubrir cómo son nuestras actuaciones gestuales será situándonos frente a un espejo y hablar con naturalidad de cualquier cosa, por ejemplo de nuestro currículum, de nuestro objetivo laboral, de cuál era nuestro trabajo en la empresa anterior, etc. De esta forma iremos viendo qué tipo de gestos son los que realizamos y podremos corregir aquellos que nos parezcan menos adecuados.

3. LA HORA DE LA VERDAD

Entendemos como hora de la verdad la llegada del momento en que ya tenemos estructurado el calendario organizativo basado en puntos como los anteriores y en otros que el lector pueda considerar de interés para su buen orden. Una vez tengamos determinados todos estos temas y sepamos cómo los vamos a llevar a cabo, con qué frecuencia y en qué horas del día podremos decir que estamos en condiciones de buscar trabajo de forma efectiva. Para aquellos que todo lo citado hasta el momento puede parecerles tedioso, decirles que no deberían tardar más de dos o tres horas en establecer toda su organización. Con dos o tres horas estaremos ante un organigrama personal y perfecto que podremos consultar siempre que sea necesario. Sabremos qué tiempo dedicar a la búsqueda de trabajo, cuánto a preparar una entrevista, cuánto a corregir nuestra voz, a estudiar, a preparar nuestras prendas, etc.

Como decíamos, lo que llega es la hora de la verdad: empezar a buscar, y para ello lo primero que debemos hacer es tener claro hacia dónde vamos. No basta con decir «quiero trabajar» o «quiero encontrar trabajo». Debemos ir más allá. Es preciso saber qué podemos hacer, qué nos gustaría realizar y para qué estamos capacitados. Para ello seguiremos un proceso de análisis como el siguiente.

A. ¿En qué vamos a trabajar?

Para responder a esta pregunta debemos estar preparados para pasar un pequeño autoexamen. No es lo mismo responder a «¿en qué me gustaría trabajar?», que responder a «¿para qué estoy preparado?»

Para empezar, debemos pararnos a reflexionar sobre los intereses y preferencias respecto a qué tipo de trabajo pensamos que se ajusta a nuestra idiosincrasia. Debemos analizar en función de nuestro carácter qué ocupación pensamos que resultaría más acorde con nuestra manera de ser. Por ejemplo, alguien que sea profundamente introvertido difícilmente encajará bien en el trabajo en equipo, donde deberá dar sus pareceres y opiniones.

Tras el paso anterior debemos valorar también cuáles son nuestros conocimientos reales. Recordemos que una cosa es aquello que hemos estudiado y otra bien distinta aquello que sabemos hacer o para lo que estamos bien preparados. Finalmente, cuando tengamos estos datos debemos ver en qué tipo de ocupación nos sentiríamos más cómodos y, por supuesto, siempre dentro de una objetiva rigurosidad, para cuál estamos preparados más allá de la comodidad o no que pueda representar dicho trabajo.

Una vez hayamos conseguido realizar estos análisis debemos recordar la necesidad de crear una segunda opción. Es decir, una cosa será encontrar algo que concuerde con lo que más nos gustaría, y otra hallar un trabajo que sepamos hacer. Tengamos presente que, como hemos comentado, el hecho de tener dos tipos de prioridades o de metas cuando busquemos un trabajo nos servirá para no perder la esperanza de encontrarlo y para trabajar todavía con más fuerza en pos de dichas metas.

B. Aprendiendo a clarificar preferencias

Dentro del análisis sobre nuestro futuro laboral y búsqueda de empleo, tenemos que establecer qué ocupaciones nos pueden resultar más atractivas y también por qué. Debemos conocer las razones de esta atracción. Algún lector dirá: «porque me gusta». Bien, ésa puede ser una buena respuesta, pero tengamos presente que cuando esté en una entrevista de selección de personal puede que le hagan la misma pregunta y quizá su respuesta no sea suficiente.

Responder a todas estas cuestiones en la tranquilidad del hogar nos ayudará a ir mucho más preparados a una entrevista de trabajo.

C. Los canales de ocupación

Sabemos qué queremos y cómo lo deseamos o cómo nos gustaría, así que el siguiente paso será establecer dónde buscar dicho empleo. Debemos descubrir cuáles son los mejores canales de ocupación (prensa, Internet, listas de las oficinas de empleo, etc.) y acceder de inmediato a todos ellos, para detectar y contactar con las ofertas.

LA INFORMACIÓN QUE NOS AYUDA

Al margen de todos los aspectos referidos hasta el momento, hay otros apartados que debemos considerar de cara a una correcta búsqueda de empleo.

Veamos los puntos más relevantes que debemos conocer sobre nuestra persona:

1. DESEOS Y CAPACIDADES

Cuando busquemos trabajo, lo normal será que terminemos por leer muchos anuncios y ofertas, y debemos saber si ello cuadra con nuestros objetivos y si nosotros cuadramos con los que tiene la empresa que oferta una plaza.

Tenemos que saber claramente cuáles son nuestros objetivos o metas laborales, no sólo a corto, sino también a medio y largo plazo. Esto nos permitirá saber, por ejemplo, si estamos ante un trabajo que nos puede interesar por un tiempo o si por ejemplo se trata de una ocupación para «toda la vida», aunque los trabajos para siempre hace tiempo que prácticamente desaparecieron.

2. QUÉ APORTAMOS

Teóricamente, todos aportamos lo mejor de nosotros a una empresa, pero hay que ser realistas. Tenemos que saber a ciencia cierta cuál es nuestra disponibilidad, qué tipo de experiencia de la mucha o poca que tenemos puede ser interesante para la empresa, cuáles son nuestras habilidades tanto técnicas como manuales, qué éxitos podemos conseguir, etc.

3. LAS CARENCIAS

No pasa nada, todos las tenemos. No se puede ser el mejor en todo, pero tampoco el peor. De cara a una empresa y de cara a un rigor en la búsqueda y la preparación de un trabajo no tenemos más remedio que conocer en qué podemos fallar y cuáles son nuestros puntos débiles. Tenemos que estar en condiciones de saber cuáles son nuestras limitaciones en el sentido personal, académico, profesional, etc. Analizaremos en este sentido qué nos cuesta más, si el trato con el público, la movilidad, el orden, la aceptación de las jerarquías, el trabajo en equipo, etc.

En este apartado de carencias podemos englobar también lo derivado de lo emocional. No es un agravante pero quizá seamos muy tímidos, desconfiados, pesimistas, introvertidos, etc. Debemos conocer perfectamente cuáles son y cómo funcionan las carencias desde un prisma emocional, ya que sólo así seremos capaces de vencerlas o al menos lograr que no sean un impedimento o adversidad.

APRENDER A VALORAR

Cuando estamos organizando los parámetros de búsqueda laboral, las ideas y los deseos a veces se acumulan. Sabemos qué es lo que deseamos o nos gustaría, pero también sucede al revés, nos colapsamos y no vemos la salida creativa a nuestros pensamientos. Podemos saber qué es lo que queremos, pero lo que también está claro es que no estaremos en condiciones de saber qué nos conviene más si antes no procedemos a una somera evaluación de parámetros como los siguientes:

1. SOBRE EL HORARIO
Es evidente que no todos los trabajos cumplen un mismo horario, algunos por sus características nos exigirán dedicar tiempo a

---

LA OPINIÓN DEL EXPERTO

DEBEMOS SABER EXIGIR NUESTROS MÍNIMOS

«A la hora de evaluar los condicionamientos laborales a los que estaríamos dispuestos a acceder, debemos ser realistas y tenemos que conocer de antemano la situación del mercado laboral al que estamos accediendo. Es importante que estemos familiarizados con las modalidades y tipos de contrato existentes en el mercado, de esta forma seremos capaces de evaluar más convenientemente una incorporación futura.

Debemos tomar conciencia de nuestras oportunidades laborales personales y las que nos puede ofrecer nuestro entorno. Todos los trabajos tienen sus ventajas y sus inconvenientes, de lo que se tratará es de encontrar el punto justo de equilibrio que nos permita estar bien y ofrecer un buen servicio. Por tanto, no será oportuno exigir la luna pero tampoco disponernos a trabajar a cualquier precio.».

Joan Rady
Psico-Trainer

jornada partida, a media jornada o realizando incluso turnos rotativos de mañana, tarde y noche.

A la hora de establecer un parámetro de búsqueda y de preferencias, debemos tener más o menos claro cuál sería el horario que más nos interesa y, por supuesto, saber también cuál no podríamos asumir de ninguna de las maneras, ya sea por tener a nuestro cargo compromisos familiares, por estar realizando estudios, etc. Para establecer una buena comparación debemos preguntarnos cosas como éstas:

- ¿Qué horas al día estoy ocupado con otra cosa y qué grado de preferencia tiene sobre el trabajo?

- ¿Puedo modificar el horario de mis obligaciones u ocupaciones actuales sin que ello suponga un agravante?

- ¿Cuándo creo que estoy en condiciones de rendir más, por la mañana, la tarde o la noche?

- ¿Qué tipo de horario no estoy dispuesto a llevar a cabo bajo ningún concepto?

Tener las respuestas claras para dichas preguntas no sólo nos servirá para orientar mejor la búsqueda de trabajo, será también de gran utilidad cuando estemos en una entrevista o negociación laboral. Es cierto que muchas personas pueden afirmar «cualquier hora me viene bien»; sin embargo, debemos tener un criterio. Efectivamente, a veces, dadas nuestras circunstancias personales, no estamos en condiciones de exigir un horario sino que necesitamos trabajo a toda costa. De todas maneras, si nos lo podemos permitir, intentaremos escoger un horario que se ajuste no sólo a nuestro mayor rendimiento sino a nuestras necesidades cotidianas.

2. SOBRE LA MOVILIDAD

Valorar un trabajo, o incluso una oferta, pasará también por valorar todo lo relativo a los desplazamientos. Dicho de otro modo, una ocupación no sólo debe ser valorada por sus condiciones laborales en base a sueldo, categoría profesional, ocupación, etcétera. El tiempo que invertimos en llegar al trabajo y el gasto que ello supondrá también es un parámetro a considerar.

Debemos pensar si estaríamos dispuestos a trabajar fuera de nuestra ciudad o, por el contrario, si la oferta es tan interesante que incluso podemos cambiar de ciudad para llevarla a cabo. Para poder valorar adecuadamente este apartado debemos preguntarnos cosas como las siguientes:

▸ ¿Qué distancia estoy dispuesto a recorrer para trabajar? ¿Cuánto tiempo tendré que invertir para ello?

▸ ¿Cuál es el coste estimado del desplazamiento al trabajo? ¿Puedo ir caminando, debo tomar un transporte público o deberé recurrir al coche?

▸ ¿De qué manera pueden afectar a mi vida el horario y el desplazamiento? ¿Deberé modificar en mucho mis costumbres cotidianas? ¿Afectaré a terceras personas o podré compaginarlo todo?

Si la oferta es interesante o no tenemos más remedio que acceder a un trabajo lejos de nuestra casa, dado que nuestra situación así lo exige, debemos plantearnos el coste de todo ello.

Dicho de otro modo, llegará un momento en que la oferta laboral se acompañará de una oferta monetaria. A fin de establecer una valoración adecuada y de conjunto, debemos contar en dinero los siguientes aspectos:

A. Tiempo de desplazamiento

A veces decimos: «Tengo el trabajo cerca, a media hora de camino.» Efectivamente, es un trabajo cercano dependiendo de si la media hora es en transporte o caminando, pero de todas formas, no nos engañemos, al cabo del mes, trabajando veinte días, tenemos el trabajo a un total de cuarenta horas. Es decir, tardamos dos horas en ir y volver del trabajo cada día, suponiendo que volvamos para la comida, y un total de veinte si hacemos una jornada intensiva o comemos en el trabajo. ¿Quién paga dicho tiempo? En la mayoría de los casos, nadie, aunque algunas personas tienen facilidades, como coche de la empresa, flexibilidad horaria o algún que otro incentivo por desplazamiento.

B. Coste de desplazamiento

Debemos determinar cuánto nos cuesta al cabo del mes ir y volver del trabajo. Si vamos en transporte público y al mediodía vamos a casa, serán un total de cuatro viajes diarios, esto es, ochenta al mes, o la mitad si comemos en el trabajo. Es evidente que si vamos en coche particular, debemos establecer un cálculo aproximado de la gasolina, sin olvidar que, si no disponemos de párking, dependiendo del día tardaremos más o menos en encontrar aparcamiento al volver a casa.

En algunas empresas que por su ubicación es preciso recurrir al automóvil, los trabajadores optan por compartir el vehículo y, por tanto, sus gastos, lo que al final es una ventaja en la economía de todos.

C. Costes adicionales

Entendemos como tales aquellos que por horario implica el trabajo, como por ejemplo desayunos o comidas. Antes de plantearnos comer cada día fuera de casa, debemos establecer un control de gastos. En estos casos, lo más económico es preparar el menú en casa y luego calentarlo en el trabajo. Comer de menú supondrá, nuevamente, un gasto que deberemos descontar del total del sueldo.

Otro aspecto a considerar en el apartado «gastos adicionales» es el relativo a los llamados «gastos colaterales», entendiendo como éstos los derivados de vestuario necesario para el trabajo, aunque la mayoría de las empresas cuyos trabajadores portan uniformes suele disponer de ellos o crear una partida simbólica en el sueldo en concepto de «vestuario». De todas formas, en función del trabajo que hagamos, los precios pueden dispararse. No vestirá igual un ejecutivo de alto nivel que un simple vendedor a domicilio.

Dentro del apartado de los «gastos colaterales» no debemos olvidar aquellos que suponen los hijos, si es que los hay. A veces la aceptación de un trabajo implicará que por incompatibilidad horaria entre los cónyuges o por la situación de separación entre éstos, sea necesaria la contratación de un canguro durante determinadas horas al día o incluso que sea preciso contratar unas permanencias escolares o un servicio de guardería, de manera que el o los niños puedan entrar antes de las clases o quedarse después de ellas. Todo ello sin contar con que cabe la posibilidad de que sea preciso también concertar el servicio de comedor de la escuela, si es que al mediodía no volvemos a casa.

Como vemos, una buena forma de valorar la rentabilidad de lo que cobramos será, al margen del dinero, lo que implica en general

CUALIDADES MÁS VALORADAS POR EL EMPRESARIADO

Si con los apartados anteriores ya estamos en condiciones de saber valorar y decidir hacia dónde y cómo comenzar nuestra búsqueda laboral, consideramos que es importante, además, que el lector conozca cuáles son los elementos más valorados por la empresa para contratar a un trabajador:

- Ambición, tanto personal y para poder efectuar el trabajo dentro de los parámetros requeridos, como para lograr ascensos y cargos de más responsabilidad en la empresa.

- Capacidad real de trabajo, es decir, en esas ocho horas laborales, cuántas es rentable el trabajador.

- Capacidad de adaptación a las circunstancias, ya sean de cambio de horario o del sistema de producción.

- Seriedad, responsabilidad y sentido práctico, para resolver cuestiones tanto físicas como mentales, en especial adversidades, problemas y errores cometidos por él o por otros.

- Buenos reflejos, claridad mental e iniciativa, ya sea en el terreno de lo personal o trabajando en equipo. También se valorará el instinto y el don de la oportunidad.

- Valentía, sentido práctico, sociabilidad y facilidad para el trabajo en equipo cuando sea necesario. Se analiza qué tipo de papel puede jugar dentro de un equipo, su grado de modestia, de reconocimiento de errores, capacidad de liderato, etc.

- Credibilidad, honestidad y madurez.

aceptar unas determinadas condiciones laborales, para sumar todos los gastos que pueden suponer.

3. SOBRE LAS CONDICIONES DE SEGURIDAD

No cabe duda de que todos los trabajos comportan un riesgo; sin embargo, algunos son más peligrosos, incómodos o nocivos para nuestra salud que otros. Debemos pues valorar la conveniencia de un trabajo a la intemperie o en espacios muy cerrados y poco ventilados. También tenemos que saber si estamos dispuestos a trabajar en espacios muy ruidosos o con olores fuertes, polvo o toxicidad. Verificaremos también si estamos en condiciones de llevar a cabo una ocupación que suponga un trabajo físico excesivo, carencia de contacto con la gente, soledad, barreras emocionales o físicas indeseadas, etc.

▶ Antes de negarnos a la búsqueda de un trabajo por sus peculiaridades debemos estar dispuestos a conocer con anterioridad qué normas de seguridad se contemplan y cuáles exigiremos que se cumplan.

▶ Debemos contemplar la posibilidad de que muchos empleos de características singulares pueden suponer ingresos monetarios extraordinarios, pluses por toxicidad o peligrosidad o incluso más días libres o de vacaciones al cabo del año.

4. SOBRE LO POCO HABITUAL

En ocasiones el trabajo puede suponer un revulsivo o un cambio de rumbo en nuestra vida. Hay ocupaciones que no nos planteamos realizar simplemente porque no hemos caído en la cuenta de pensar en ellas. Puede que para determinado tipo de trabajos tengamos las cualidades y capacidades precisas o requeridas por la empresa que oferta el puesto, pero no los llevamos a cabo porque no los hemos probado.

El mercado laboral ocasionalmente puede ser una caja de sorpresas. No debemos negarnos a probar nuevas fuentes de ingresos en las que tal vez no podremos tener la misma categoría profesional que tuvimos en la empresa anterior, o quizá tampoco el mismo sistema de trabajo, pero no por ello debemos pensar que es poco o nada interesante.

5. SOBRE EL SUELDO

En este apartado debemos ser realistas. Todos queremos ganar mucho dinero con el mínimo esfuerzo posible; sin embargo, una cosa son los deseos de la lámpara de Aladino y otra la realidad. Es evidente que debemos efectuar un estudio de lo que necesitamos o consideramos que nos iría bien cobrar, pero también debemos saber ajustarnos a los precios del mercado laboral.

La mejor forma de valorar el sueldo que se ofrece en un anuncio o más tarde en una reunión con los responsables de la oferta, es estar informado sobre los precios medios de las diferentes categorías profesionales. Dicha información la podremos obtener en los servicios de asesoramiento de los sindicatos, donde también podrán informarnos sobre las normativas de contratación, la legislación de seguridad e higiene, etc.

02

HACIA UNA BÚSQUEDA EFICAZ

Lo primero que debemos tener en cuenta para hallar el trabajo deseado es aprender a buscar. La búsqueda es una tarea un tanto tediosa, ya que requiere mucha constancia; sin embargo, cuantas más opciones abramos, mejor. El buscador de trabajo debe ser inconformista e inquieto por naturaleza. Debe ser capaz de indagar en todas direcciones y de llamar a cuantas puertas sea preciso, para así lograr su objetivo: hallar el trabajo que merece y desea.

A grandes rasgos, y antes de verlos de forma pormenorizada, éstos son los campos en los que debemos establecer nuestras búsquedas laborales:

1. SECTOR CONTACTOS

Dar voces puede ser tan interesante como leer los anuncios laborales de la prensa. Debemos utilizar las relaciones personales como una vía para encontrar trabajo. Los amigos, conocidos, antiguos compañeros de trabajo e incluso familiares forman parte de nuestro entorno más directo, y son pues quienes deben saber nuestra necesidad de hallar un empleo. Por supuesto no se trata de ir a las citas o encuentros con amistades y familiares con un currículum bajo el brazo, pero sí que debemos tener previsto que nos lo pueden solicitar con cierta brevedad.

2. SECTOR PUERTA FRÍA

Consiste en recurrir a quienes no nos conocen, de ahí la denominación de puerta fría. La clave se basa en «llamar a la puerta» de todo tipo de empresas para ofrecerles nuestro currículum y nuestra disposición de trabajo. Dichos centros no necesariamente habrán publicado un anuncio solicitando personal, pero no estará de más que cuenten con nuestro currículum sobre la mesa. Por supuesto, comenzaremos por realizar dichos envíos a empresas que tengan relación con el sector profesional en el que nos movemos y, en segundo lugar, por aquellas empresas que sin pertenecer directamente a nuestro ramo puedan tener una vinculación con él.

3. SECTOR ANUNCIOS

Consiste en efectuar un seguimiento masivo de las revistas, diarios y páginas web que estén especializadas en la publicación de anuncios de trabajo. Como veremos oportunamente, debemos organizarnos adecuadamente para que no se nos escape ninguna oportunidad que pueda ser interesante.

En este sector debemos incluir también los anuncios que se exponen en las bolsas de trabajo de las universidades y centros de estudios, en las empresas de trabajo temporal, así como en las delegaciones sindicales y en las propias oficinas de empleo.

4. SECTOR OFICINAS DE EMPLEO Y ETT

Debemos hacer un seguimiento de ambas. Algunas personas se limitan a llevar a cabo los trámites pertinentes relativos al subsidio de desempleo o visitan los despachos de las oficinas de empleo muy de cuando en cuando. Debemos ser insistentes, tomar nota de los cursos de formación, verificar la existencia de nuevas ofertas y no estar esperando a que nos llamen.

Por lo que se refiere a las ETT, siglas que se corresponden con las de Empresas de Trabajo Temporal, es una modalidad que cada vez tiene más fuerza y aceptación y que también nos puede aportar un puesto de trabajo.

TRES NORMAS BÁSICAS

Decíamos que la persistencia y la fuerza de voluntad se convierten en algo indispensable para llevar adelante una correcta búsqueda del trabajo, y todo ello supondrá haber realizado con anterioridad un trabajo previo. Debemos ser conscientes de tres normas básicas para desarrollar la búsqueda de trabajo en cualquiera de los cuatro sectores que conoceremos seguidamente:

1. DISPOSICIÓN E INFORMACIÓN

Ya hemos mencionado en el capítulo anterior lo necesario que será llevar a cabo una buena organización tanto de la búsqueda como de los materiales y elementos que necesitamos para ello. Por todo ello siempre debemos estar en disposición, no ya de trabajar, sino de recibir una oferta y poder tomar nota de ella. Por sistema iremos siempre con una libreta y un par de bolígrafos, así como con un teléfono móvil o una tarjeta de teléfono para poder efectuar una llamada de inmediato o tomar nota de aquella oferta que nos llama la atención.

Al tiempo, siempre debemos estar preparados para poder suministrar nuestra información a quien nos la pida. No se trata de ir con el currículum encima todo el día, pero casi. No sabemos cuándo ni en qué momento nos podrá hacer falta. Quizá visitando una antigua empresa, a un viejo conocido o a un centro de formación veamos el típico anuncio que nos sugiere dejar el currículum en recepción. Salvo en contados casos, como reuniones familiares o sociales de otra índole, debemos contar con un par de currículums para poder entregarlos allí donde sea menester.

2. SER COHERENTES

El segundo punto que no debemos perder de vista de cara a la búsqueda de empleo es la moderación en la selectividad. Algunas personas, conforme pasan las semanas y no encuentran trabajo, caen en el error de volverse selectivos. Es algo así como una reacción inconsciente y, por otra parte, natural de nuestro organismo. Es como si en vez de reconocer que tal vez no estamos haciendo las cosas bien o que no estamos poniendo todo el empeño que debiéramos en ello, fuera más fácil decir que somos demasiado buenos para los tipos de trabajo que hay, y por tanto es normal que tardemos en hallar lo que buscamos.

Salvando las distancias, sí que es cierto que algunas personas cometen el error de no ser realistas con sus capacidades y conocimientos, pecando de falta de modestia, pasando a exigir más de la cuenta o pensando que son tan especiales que, en lugar de acudir a la búsqueda de empleo, son las empresas quienes deben acudir a ellos.

3. SER ORGANIZADOS

Como tercer punto básico de cara a la búsqueda de trabajo, debemos tener en cuenta la necesidad de mantener en todo momento, y pase lo que pase, un buen orden y organización por lo que a la búsqueda de empleo se refiere. A veces, tras haber acudido a varias entrevistas de trabajo, se sale de ellas con la sensación de que el puesto ya es nuestro y dejamos de lado la búsqueda. Lo malo de estas situaciones sucede cuando, después de quedar mal con una empresa que nos esperaba al día siguiente y a cuya entrevista no nos hemos presentado, no nos llaman del lugar que esperábamos.

No podemos dejar de buscar trabajo hasta que hayamos firmado un contrato. Siempre será mejor tener que responder a una oferta con una negativa basada en el argumento de «ya estoy trabajando» o «me han contratado en otro lugar», que no haciendo oídos sordos, no presentándonos a las reuniones convocadas o no enviando los informes que esperaban de nosotros. Recordemos que la vida es muy larga y no sabemos a cuántas puertas tendremos que llamar con el paso del tiempo. Es evidente que cuando las cosas parezcan tener unos ciertos visos de claridad y el horizonte del empleo esté cada vez más cercano nos podremos permitir bajar un poco el ritmo de búsqueda, pero no abandonaremos hasta tener un trabajo.

¿DÓNDE ESTÁ EL EMPLEO?

Ya hemos visto que hay cuatro grandes grupos a nuestra disposición en los que llevar a cabo la búsqueda de trabajo, por lo que ahora vamos a conocerlos con profundidad para saber cómo podemos proceder en cada uno de ellos y de qué manera nos pueden resultar útiles.

EL SECTOR CONTACTOS

Estudios realizados respecto de las ofertas de trabajo y de la forma en que las empresas comunican su necesidad de vacantes, nos dan como resultado un porcentaje escalofriante, y es que al parecer alrededor de un 75 por ciento de los puestos de trabajo que ofrecen las empresas no salen a la luz pública. Dicho de otro modo, los amigos, conocidos y personas de confianza se encargan de que no sea preciso que el anuncio se publique. Esto es tanto como afirmar que el sector contactos es uno de los más rentables y prolíficos, por eso es uno de los que más debemos cuidar y potenciar.

Hay un término que está estrechamente vinculado con este sector, el «networking», algo así como «red de contactos», un sistema que se basa precisamente en el contacto entre trabajadores de distintos lugares y empresas. No se trata de buscar alguien que nos haga el favor de colocarnos en su empresa, o que nos «enchufe», sino de contar con contactos útiles y prácticos que nos sirvan para encontrar empleo. Así pues, observamos que lo necesario es estar en condiciones de crear una red de contactos. Veamos cómo:

1. SEGUIR UN CRITERIO

No se trata de tomar la agenda o el directorio de direcciones de correo electrónico y comenzar a dar voces de forma indiscriminada. Como es lógico, dispondremos de direcciones y teléfonos muy diversos: amigos, compañeros y ex compañeros de trabajo, etc. Debemos clasificar los datos que tenemos por categorías:

▸ Personas de confianza con las que siempre hemos podido contar, con independencia de la ocupación o posición social, laboral o económica que tengan.

▸ Personas que sabemos están trabajando y que tienen una categoría profesional capacitada para tener contactos o posiciones que les permiten un cierto privilegio para acceder a la información que es interesante.

▸ Personas que como las anteriores están trabajando, aunque no tienen información directa.

▸ Amigos y conocidos que, pese a estar trabajando, no lo hacen en nuestro sector o lo hacen en especialidades que nada tienen que ver con lo que buscamos, pero que pueden recurrir a sus contactos personales o profesionales.

2. ORDENAR EL PROCEDIMIENTO

Decíamos que no podemos descolgar el teléfono o lanzar correos electrónicos sin más. Es cierto, tenemos que crear una estrategia adecuada para cada una de las categorías de los grupos anteriores, de manera que queden latentes dos cosas: por una parte, que realmente estamos interesados en trabajar, y por otro lado, que no estamos pidiendo ni un favor ni la compasión de los demás, sino una oportunidad para poder trabajar.

▸ Para todos los casos debemos tener muy claro qué tipo de ocupación estamos buscando y no caer en el error de comentar el típico «¿sabes de algún trabajo o plaza vacante?». Este tono y forma debemos guardarlos para personas de mucha confianza, aunque lo mejor es no usarlo, ya que demuestra un cierto desinterés.

▸ Debemos estar preparados para la acción que llevamos a cabo. Salvo en casos muy concretos, tenemos que ser honestos y, si no tenemos trabajo, decirlo claramente. Un amigo o una persona de confianza no aceptará que le engañemos con frases del tipo «estoy buscando nuevos horizontes» o «ya he tocado techo en la empresa donde estoy y busco algo nuevo».

▸ Las frases anteriores pueden usarse con cierta discreción y moderación cuando preveamos que en corto plazo de tiempo podemos estar sin trabajo. Casualmente, parece que es más fácil encontrar un empleo interesante cuando uno está trabajando que cuando no...

▶ Nuestra organización debe pasar por establecer categorías claras, de manera que sepamos con quién será necesario vernos y a quién podremos acudir con una simple llamada de teléfono o un correo electrónico.

▶ Pese al punto anterior, más si estamos buscando trabajo, no estaremos en condiciones de negarnos a un encuentro cara a cara con quienes lo soliciten. En dicho caso, no estará de más que tengamos preparado un currículum para entregárselo si fuera oportuno.

3. SOBRE LA ACTITUD

Ya hemos comentado en otro apartado que al usar los contactos no estamos pidiendo limosna ni favores, sino simplemente buscamos trabajo, por tanto nuestra actitud con dichos contactos debe ir en este sentido. Debemos mostrar con nuestro trato y apariencia que realmente nos interesa trabajar. Más que nada porque en el sector de los contactos el hecho de que, como suele decirse vulgarmente, alguien «dé la cara» por nosotros, tiene un gran valor y a veces un cierto rechazo.

▶ Abundaremos en las razones por las que necesitamos un trabajo sin entrar en dramas particulares y sin relatar situaciones desagradables por las que estamos pasando.

▶ Nos mostraremos ilusionados con nuestra búsqueda de empleo. No se trata de quitarle hierro al asunto, sino de no dramatizarlo. La impresión que debe llevarse quien nos ha escuchado o visitado es que necesitamos y deseamos trabajar.

▶ Mantendremos siempre una apariencia escrupulosa y una higiene a la altura de las circunstancias.

▸ Debemos dar a entender que tenemos interés por las ideas de los demás y agradecimiento por sus gestiones, aunque en el fondo nos podamos sentir apáticos, desmotivados, etc.

▸ Nos mostraremos diligentes y en condiciones de actuar en cuanto nos sea requerido.

4. SOBRE EL CONTROL

Al igual que sucederá con otros apartados o áreas en los que buscaremos trabajo, el control de las gestiones realizadas se convierte en absolutamente imprescindible, y mucho más partiendo de la base que estamos trabajando con contactos. No hay nada peor que efectuar una segunda llamada despistada a alguien a quien ya avisamos hace tiempo de nuestra situación. Al margen de este aspecto, tendremos en cuenta los siguientes:

▸ Evitaremos dejar en manos de los demás la resolución de las gestiones, debemos ser participativos e interesarnos por ellas.

▸ No nos conformaremos con unos cuantos contactos que parecen ser interesantes, como en otros casos debemos dar el máximo de voces para así poder abrir el máximo de puertas.

▸ Tendremos un registro exacto no sólo de llamadas sino de todas las gestiones que hemos llevado a cabo y los resultados conseguidos sean negativos o positivos.

EL SECTOR PUERTA FRÍA

Si muchas personas tienen un cierto pánico escénico cuando deben acudir a una entrevista de trabajo, no debe extrañarnos que para otras las llamadas puertas frías se conviertan en una auténtica crisis. Sin embargo, como veremos seguidamente, la cosa no es tan grave.

Uno de los objetivos de la «puerta fría» es darnos a conocer a toda costa, siempre dentro de unos parámetros de normalidad y rigor. Hay quien afirma que en puerta fría todo vale, hasta poner un anuncio en las cabinas de teléfonos. La verdad es que no hay una estrategia mejor que otra para llevar adelante una campaña de puerta fría, aunque las acciones que emprendamos serán las que luego sirvan para valorarnos; por tanto, debemos ser un tanto prudentes.

Otro de los objetivos de la puerta fría, y quizá éste sea el más relevante, es que debemos llegar allí donde no nos esperan, ya sea porque en la empresa en cuestión todavía no tienen la necesidad concreta de ampliar personal o porque sus trabajadores proceden de otras bolsas de empleo.

La puerta fría exige, valga la redundancia, frialdad y mucha paciencia. Debemos ser conscientes de que, si bien planearemos la estrategia de la mejor forma posible, no siempre dará buenos resultados. Eso sí, debemos llegar al máximo de lugares. Veamos cómo.

1. BÚSQUEDA DE INFORMACIÓN

Partiendo de la base del tipo de producto que estamos en condiciones de ofrecer, es decir, de qué tipo de trabajo estamos buscando, lo primero que debemos hacer es proceder a recabar información sobre aquello que nos interesa y sobre todas las empresas que están vinculadas con ello. No debemos ser excesivamente exigentes pero sí procurar abarcar el máximo campo posible.

El funcionamiento de una puerta fría variará, de cara a la búsqueda de información, del trabajo que deseemos desempeñar. Por ejemplo, si somos cocineros será mucho más fácil localizar restaurantes y bares que localizar empresas de fundición si somos trabajadores metalúrgicos. De todas formas, en las cámaras de comercio podremos acceder a aquella información que no suele ser pública o que hace referencia a empresas que no se anuncian, o resultan complejas de determinar.

En el caso de las otras empresas, debemos recurrir en primer lugar a las revistas especializadas sobre información y publicidad e incluso los anunciantes de determinadas revistas. Tengamos presente que estamos buscando el nombre de una empresa, su razón social o dirección y un teléfono. Por supuesto, la búsqueda podremos hacerla también a través de las páginas de Internet.

Una segunda vía que contiene información es la calle y los establecimientos que hay en ella. Debemos analizar aquellos comercios o negocios cuya actividad se ajusta a la nuestra y tomar nota de su nombre, localización y, si es posible, el teléfono, aunque en estos casos lo mejor es presentarse directamente en sus instalaciones.

2. CLASIFICANDO ESTRATEGIAS

Una vez disponemos de la información que necesitamos debemos efectuar una criba. Tenemos que seleccionar a qué empresas acudiremos directamente, cuáles serán las que abordaremos de forma telefónica y qué otras recibirán una comunicación vía correo, sea físico o electrónico.

La estrategia a seguir para todos los casos será el ofrecimiento de nuestras capacidades laborales; por tanto, debemos tener preparado todo el material necesario: listado de visitas, llamadas o correos a enviar, currículums, etc.

Para todos los casos debemos contar con una carta de presentación dirigida al jefe de personal. En dicha carta le comunicaremos nuestra situación laboral, la disposición de formar parte de la empresa a la que hemos acudido y que incluimos, además, nuestro currículum. Recordemos también la necesidad de crear una ficha para cada una de las empresas con las que contactaremos.

3. LLAMANDO A LA PUERTA

Aunque sea tan virtual como un correo electrónico o como un teléfono, entrar en contacto con una empresa que no nos conoce y, además, no nos espera, siempre es lo más parecido a llamar a una puerta. Como veremos seguidamente, podemos llamar mediante nuestra presencia directa, hacerlo por teléfono o a través de un envío electrónico o físico. Veamos cómo proceder en cada caso.

A. Asistencia directa

En el caso de los establecimientos a los que acudiremos presencialmente podemos optar por dos vías: dejar nuestro currículum o bien intentar hablar con una persona responsable o encargado.

Debemos mantener una presencia impoluta y aseada cuando lleguemos al establecimiento.

Llevaremos nuestros currículums en sobres cerrados en cuyo reverso incluiremos nuestros datos. De esta forma, si nos vemos obligados a dejarlo en manos de un trabajador, no podrá fisgar en él.

Preguntaremos por el encargado o jefe de personal. En el caso de que no esté presente, solicitaremos su nombre y apellido y acto seguido procederemos a escribirlo en el apartado del sobre dirigido al destinatario.

Dado que no sabemos si podremos explicarle a la persona responsable a qué se debe nuestra visita y que puede que nuestro sobre acabe en otras manos, no debemos entregar junto con el currículum la carta explicativa ya mencionada.

No debemos ser pesados, aunque sí insistir un poco en nuestra gestión. Si se nos dice que dicha persona estará más tarde o al día siguiente, siempre será mejor propiciar un encuentro cara a cara que dejar la documentación en la esperanza de que la vea. Además, presentándonos ante él, estamos demostrando más interés.

Con respecto a la insistencia, puede que nos encontremos con que la persona en cuestión nos dice claramente que no necesitan a nadie. Pese a todo insistiremos, siempre con educación, en entregarle nuestro currículum, con una sonrisa amable acompañada de una frase tipo: «Quédeselo de todas formas, quizá más adelante le interese.» Si pese a todo hay una negativa, no insistiremos y nos retiraremos agradeciendo su atención.

A veces sucede que tras una visita no hemos tenido más remedio que dejar un currículum en recepción o a una tercera persona. En estos casos, de forma amable, solicitaremos el nombre de la persona a la que le llegará la información y el teléfono al que podemos localizarlo. De esta forma, si decidimos efectuar un seguimiento telefónico de la gestión, cosa por otra parte recomendable, todo será mucho más fácil. Es importante también que tomemos nota del nombre y apellido de la persona que nos ha atendido, ya que nos servirá como puerta de entrada cuando solicitemos hablar con el responsable que no nos conoce. De esta forma, cuando nos pregunten: «¿De qué tema se trata?», siempre podremos decir «No me conoce personalmente, pero ayer le dejé una documentación a XXX para que se la entregase. Quisiera saber si ha tenido tiempo de analizarla y comentarla con él/ella».

B. Asistencia telefónica

Ya sea porque no podemos o porque no nos atrevemos a hacerlo personalmente, deberemos llevar a cabo la gestión por teléfono. En este caso, la primera parte es fácil: debemos obtener el nombre de un responsable y la dirección a la que podemos enviar la documentación.

En principio ninguna empresa tiene muchos problemas para facilitarnos su dirección comercial e incluso para darnos el nombre del responsable de personal.

En caso de que nos pregunten de qué tema se trata y para qué deseamos la información, si no queremos dar la real podemos recurrir a una sencilla estrategia, que será, en definitiva, un inocente engaño: diremos que somos de una empresa de servicios industriales que deseamos hacerle llegar una información de su interés. Claro que no conviene abusar de estas estrategias o de otras de características similares.

Si el caso que nos ocupa es que ya hemos entregado la documentación, es decir, hemos procedido a un envío de currículum mediante el proceso de puerta fría, llegará un momento en que debemos interesarnos por los resultados que ha tenido nuestra gestión. Lo mejor es dejar pasar unos días desde que hicimos el envío. Un par serán más que suficientes si el correo ha sido electrónico, y al menos entre cinco y siete si hemos procedido a enviarlo por correo de papel.

▶ El tono de nuestra llamada debe ser cortés y confiado. Es cierto que no se nos pidió un currículum y que puede que no estén interesados en él, pero, como suele decirse en estos casos, la vida es muy larga y quizá más adelante sí les interese contactar con nosotros.

▶ Llamaremos solicitando hablar con la persona responsable de personal. En el caso de que se trate de una empresa pequeña, solicitaremos comunicación con un responsable y explicaremos el motivo de nuestra llamada.

▶ Puede que el responsable no quiera hablar con nosotros, y que quien esté al teléfono nos diga directamente que no le interesa o que el responsable ha recibido la documentación y la estudiará.

▶ Debemos ser persistentes y saber cuándo la estudiará, por lo tanto lo más recomendable será concertar una nueva llamada para más adelante.

▶ Si la gestión ha sido neutra, es decir, la respuesta es un «lo tendrán en cuenta», «lo estudiarán», «por ahora no necesitamos a nadie, quizá más adelante», etc., debemos anotar en nuestra agenda el día de la llamada y programar para más adelante una nueva basándonos en los datos que nos den.

▶ Si la gestión ha resultado positiva y quieren vernos, debemos estar preparados para acudir de inmediato a la cita que nos propongan sin poner objeciones ni de horario ni de calendario.

EL SECTOR ANUNCIOS

Es quizá uno de los más clásicos. Oportunamente veremos, en el apartado destinado a valorar las ofertas de empleo, qué nos dice el lenguaje de los anuncios y qué es lo que se está solicitando exactamente a través de una oferta de empleo.

Mención al margen merece Internet que, como también veremos más adelante, puede ser también un interesante medio para buscar trabajo. Pero con independencia del contenido de los anuncios y de aquello que podemos encontrar en la red, la bolsa de trabajo que hallamos en el sector de anuncios puede ser compleja si no actuamos de forma organizada.

Debemos clasificar los anuncios según la rigurosidad que nos ofrecen. No será lo mismo ver una oferta de trabajo en dos líneas a un cuerpo de letra muy pequeño y en una revista general de las denominadas de prensa gratuita, que un anuncio publicado en una revista especializada, con un diseño gráfico cuidado. Este hecho ya de por sí nos habla del valor que tiene el trabajador para la empresa, que se habrá gastado más o menos dinero en publicar su oferta de un nuevo puesto laboral.

Debemos también ser cautos con nuestra credulidad. Lamentablemente, hay anuncios en los que se nos ofrecen grandes y maravillosas ventajas a cambio de un trabajo muy sencillo. Seamos realistas, nadie regala oro a precio de papel. En ocasiones, dicho tipo de anuncios encierran ventas piramidales, extrañas estafas, etc.

Desestimaremos aquellos anuncios que nos invitan a llamar a un teléfono de tarificación especial. Cualquier empresa dispone de un teléfono fijo al que se debe poder llamar. Si éste no es el caso, lo más seguro es que nos encontremos nuevamente ante un caso sospechoso.

Procuraremos, en esta criba especial, descartar también aquellos anuncios que aparecen en las secciones de empleo y que realmente lo que buscan es vendernos un cursillo, unas plazas de estudiante en academias para preparar oposiciones, etc.

Debemos saber que las Empresas de Trabajo Temporal (ETT) también insertan anuncios en la prensa; por tanto, debemos estar atentos en el caso de que no nos agrade dicho sistema de ocupación.

Como podemos apreciar, deberemos pasar por una serie de filtros los anuncios que aparecerán en la prensa; En menor medida, aunque también puede suceder, haremos lo propio con aquellos otros que veamos en los tablones de los centros de trabajo, universidades, centros de estudios, etc.

Una vez hayamos realizado nuestra selección particular, debemos apresurarnos para proceder a contestar a los anuncios y seguir las pautas que ellos nos indican. Debemos organizarnos las ofertas y anuncios que nos quedan por especialidades, si es que estamos buscando una ocupación pero en diferentes sectores a la vez, ya que tras varios días de búsqueda, si nuestro orden no es el adecuado, podemos cometer más de un error.

Debemos estar atentos a la fecha de publicación del anuncio, ya que ello nos indicará, aunque sea de forma orientativa, los días y la cantidad de ofertas que pueden haberse recibido en aquella empresa. Más allá de este punto prepararemos nuestra llamada y la efectuaremos con seguridad, teniendo presente cosas como éstas:

Por norma general, la persona que atiende el teléfono de los anuncios es un operador y no tiene capacidad de decisión. Sólo en empresas pequeñas podremos hablar directamente con los responsables.

El operador telefónico recibirá decenas de llamadas como la nuestra; por tanto, no debemos perdernos en detalles y recibir la información, tomar nota de ella y al tiempo pactar o no una cita.

Seguiremos con suma atención las exigencias del anuncio, en el sentido de que puede que nos pidan el currículum escrito a mano: si no en su totalidad, sí en parte. Quizá lo que nos pidan manuscrito sea la carta de presentación. Puede que se nos exija una fotografía reciente, informes sobre anteriores empresas, etc. Si hemos contestado al anuncio y hemos seguido el protocolo hasta el momento, no debemos alterarlo. Seguiremos pues las instrucciones que nos marquen.

Debemos ser conscientes de que cuando contestamos a un anuncio, salvo que se nos cite directamente en el mismo, lo normal será que tengamos que efectuar una serie de llamadas, ya sea para informarnos del trabajo y las condiciones, para concertar una entrevista, etc.

EL SECTOR OFICINAS DE EMPLEO Y ETT

El funcionamiento de las oficinas de empleo varía a veces no sólo del país en el que vivamos, sino también del convenio que tenga con el estado, la región, provincia o autonomía en la que nos encontremos. Pero a grandes rasgos, en todas las oficinas de empleo se nos pedirá que estemos inscritos en el paro para poder solicitar un trabajo. El protocolo de inscripción variará, pero en general deberemos rellenar una serie de formularios sobre nuestra formación académica, experiencia laboral, etc. Si cuando vayamos a formalizar el trámite portamos el currículum, mucho mejor.

Otra de las ventajas que tienen las oficinas públicas de empleo es que nos pueden orientar incluso a formalizar un currículum o indicarnos, ya en entrevista personal, otras variantes o posibles salidas de trabajo con las que tal vez no habíamos contado.

Respecto de las ETT, merece la pena destacar que en el continente europeo se calcula que alrededor de un 20 por ciento de los contratos están gestionados por dicho tipo de empresas, lo que nos da una idea de la importancia cada vez mayor que suponen como alternativa a la búsqueda tradicional de empleo.

La finalidad de las ETT es contratar a trabajadores que posteriormente ceden temporalmente a otras empresas. Los servicios que ofrecen las ETT resultan muy interesantes para las empresas, ya que sólo tienen que limitarse a indicar el tipo de puesto de trabajo que desean cubrir y el tipo de persona que precisan para ello, y la ETT hace el resto. Dicho de otro modo, se encarga de los anuncios, de dar la información a quienes buscan el trabajo, de efectuar las selecciones de personal e incluso, si es necesario, forma al futuro trabajador y puede hasta encargarse de tramitar las gestiones administrativas.

Una de las ventajas de inscribirse en una ETT es que formamos parte de su bolsa de trabajo y que pueden recurrir de nuevo a nosotros una vez hayamos finalizado el contrato con la empresa a la que nos cedieron. Otra de las ventajas es que cada vez es más elevado el porcentaje de trabajadores que, habiendo sido cedidos inicialmente por una ETT, acaban por ser contratados directamente por la empresa usuaria. Se calcula que en un 20 o 25 por ciento de los casos es así.

Muchas personas creen que al trabajar para una ETT se cobra menos que al estar trabajando directamente para una empresa. Lo cierto es que el salario es el mismo, ya que viene regulado por ley, de la misma forma que es la ley quien determina y prohíbe que la ETT se quede con una parte del sueldo. Por lo que se refiere a los tipos de contratos, pueden variar según el caso y las necesidades de la empresa, que podría contratarnos en concepto de obra y servicio, es decir, para llevar a cabo una actividad puntual por un tiempo determinado. También nos pueden contratar como interinos, esto es, para sustituir a trabajadores de una empresa que padece bajas por maternidad, reducción de personal por vacaciones, etc. Otra de las modalidades de contratación es para cubrir un puesto determinado o para reforzarlo debido al aumento de trabajo o a la necesidad de incrementar la producción.

Para poder trabajar en este tipo de empresas debemos actuar con el sistema de puerta fría. Aunque tampoco nos están esperando, sí que están interesados en recibir nuevas ofertas y propuestas. De manera que deberemos acudir a la ETT con nuestro currículum para, casi siempre tras una entrevista personal, proceder a abrir una ficha en la que se expondrán todo tipo de datos que harán alusión a la formación académica, experiencia profesional, etc.

Habitualmente, no es preciso hacer un seguimiento de las ETT, ya que suelen ser ellas las que se encargan de llamarnos cuando

EL FENÓMENO DEL VOLUNTARIADO

Trabajar como voluntarios en asociaciones y organizaciones no gubernamentales (ONG) nos da la oportunidad de efectuar una serie de prácticas, adquirir experiencia y tener la oportunidad de entrar en contacto con otras esferas que pueden ser interesantes fuentes laborales de futuro. La mejor forma de obtener información es a través de las mismas entidades o en los centros de enseñanza. Cada vez más los jóvenes se decantan por desempeñar trabajos en prácticas en dichas instituciones, puesto que podrán incluirlo en su currículum como experiencia dentro del ámbito profesional. Además, dichas entidades suelen estar en contacto con otras similares, y todas ellas suelen tener interesantes bolsas de trabajo a disposición de sus voluntarios.

necesitan cubrir un puesto que cuadra con nuestro perfil. Pese a ello, no estará de más que de cuando en cuando nos interesemos por saber cómo van las cosas.

INTERNET: UN MUNDO AL MARGEN

Ya hemos visto que tanto en el sector del contacto personal como en el de la puerta fría o incluso en el de los anuncios tradicionales, Internet está presente. Como podremos observar seguidamente, la red de redes nos puede resultar de gran ayuda para buscar y, lo más importante, encontrar trabajo. De entrada debemos saber que en la red no sólo hallaremos grandes bolsas de empleo sino que también podemos obtener información sobre estadísticas, estudios de mercado a nivel profesional, información sobre cursos de reciclaje, legislación laboral, etc. A grandes rasgos, éstas son las ventajas del uso de la red:

▶ Podemos acceder a un gran número de anuncios con un coste mucho más barato que el que representa la adquisición de revistas o diarios especializados.

▶ En muchas páginas se nos da la oportunidad de incluir nuestro currículum, de esta forma ahorramos tiempo y dinero en la preparación del tradicional, aunque no por recurrir a Internet debemos pensar que no deberemos hacerlo igualmente.

▶ Como singularidad, merece la pena tener en cuenta que en muchas páginas de las que ofrecen trabajo, los currículums son abiertos, es decir, tenemos la oportunidad de ver los informes que han presentado otros candidatos, lo que nos puede servir como punto de referencia para mejorar el nuestro.

▶ Un aspecto muy interesante es que las tramitaciones que se hacen por Internet se caracterizan por la agilidad. La red es ágil para hacer llegar nuestros envíos y también para que sean recibidos y, por tanto, para que sean estudiados.

Pese a que Internet tiene muchas ventajas, no debemos engañarnos, no es la panacea ni la garantía de que encontraremos trabajo con más rapidez que por otros conductos. Además, no debemos olvidar que la presentación de un currículum por Internet suele venir acompañada por una reunión posterior con los responsables de la empresa, que serán los que valorarán algo más que nuestra presencia virtual.

1. SOBRE LA BÚSQUEDA

Buscar por Internet siempre es una tarea que, como el resto, debe ser organizada. La red contiene miles de páginas y podemos terminar por perder el tiempo si no llevamos a cabo una gestión efectiva. De entrada debemos ir a lo directo, es decir, a las páginas que nos ofrecerán trabajo. Debemos recurrir a un buscador que nos resulte fácil de usar. Una sugerencia de actuación sería la siguiente:

▸ Debemos contar con un buen buscador en el que debemos incluir términos como: «empleo», «buscar empleo», «trabajo», «trabajo on-line», «buscar trabajo», «bolsas de empleo», «currículum», etc. Simplemente incluyendo alguna de estas palabras en nuestro navegador del buscador aparecerán decenas de páginas.

▸ Debemos ser precavidos, puesto que también en la red hay trampas. Podemos encontrar algunas páginas que nos descargarán automáticamente una secuencia de programa que activará un «dialer» que se encargará de que la próxima vez que nos conectemos el coste de nuestra conexión sea más caro. Por supuesto, no aceptaremos páginas en las que se nos cobre por buscar empleo, ya que hay muchas otras que, si bien tienen bastante publicidad, son gratuitas.

A partir de la búsqueda obtendremos decenas de resultados y se tratará de seguir buscando hasta encontrar aquello que nos resulte interesante. En muchas de las páginas podremos ver directamente las ofertas de empleo e incluso quién la ha formulado, puesto que dicha oferta puede estar asociada a un «link» o hipervínculo que nos llevará directamente hacia la página de la empresa que podremos conocer de inmediato.

Respecto de la empresa que pone el anuncio, si no encontramos el enlace a su página en el anuncio, no estará de más que investiguemos un poco por nuestra cuenta y busquemos también si dicho negocio tiene presencia en Internet. En su página podremos conocer mejor detalles de su actividad comercial, situación, etc.

Una segunda etapa de búsqueda, ya que la anterior entendemos que ha sido de orden general, será centrarnos en nuestro sector. Nos servirá para obtener información sobre la dirección y teléfonos de negocios y empresas a las que quizá podremos acudir mediante la técnica de puerta fría. Hay otro aspecto que es muy interesante, y es que visitando estas páginas podemos encontrarnos con la sorpresa de que en alguna de ellas haya un botón que nos lleve a su bolsa de empleo. Estas bolsas suelen estar tras botones que indican «trabaja con nosotros» o que directamente indican «bolsa de trabajo».

La tercera etapa de la búsqueda por Internet puede ser intentando localizar la mayoría de las empresas de trabajo temporal. Las ETT deben nutrirse de trabajadores especializados en muchos sectores y no dudan en incluir sus ofertas en la red o incluso en darse a conocer a través de ella para obtener promoción.

2. SOBRE LA PARTICIPACIÓN
Si ya tenemos los datos, los anuncios o la información que buscamos, ha llegado el momento de pasar a la acción. De entrada debemos saber que la gran mayoría de los anuncios que se publican en Internet carecen de un teléfono. Digamos que el contacto entre el futuro trabajador y ellos se produce tras una criba por Internet. De todas formas, sí que puede ser que nos pidan nuestros datos, así como el teléfono.

Como comprenderá el lector, debemos ser prudentes de cara a suministrar nuestros datos a según quién. No se trata de escondernos tras un seudónimo, pero debemos saber que, en la mayoría de los casos, con incluir nuestra dirección de correo electrónico y un teléfono será más que suficiente. Sólo incluiremos nuestra dirección física y datos muy particulares cuando la empresa nos ofrezca cierto crédito. No queremos asustar al lector, pero debe saber que muchas veces hay «empresas fantasma» detrás de los anuncios de Internet que se dedican a capturar direcciones, tanto virtuales como físicas, así como números de teléfono para que luego puedan ser empleadas por otros en campañas de promoción y venta de todo tipo de productos. ¿Qué hacer?

▸ Lo ideal es crear expresamente y para la búsqueda de empleo una cuenta de correo de carácter gratuito. De esta forma evitaremos que nuestro buzón particular acabe lleno de todo tipo de promociones.

▸ Evitaremos dar la dirección. Si pese a todo fuera necesario, nos decantaremos por la adquisición de un apartado de correos en el que podamos garantizar que no se producirán visitas extrañas de vendedores a domicilio.

▸ Por lo que al teléfono se refiere, si no queremos ser molestados no daremos el fijo sino el móvil, aunque lo mejor de todo sería comprar uno de carácter promocional y utilizarlo sólo para recibir llamadas derivadas del trabajo. Esto tiene dos ventajas: por una parte no estaremos comunicando continuamente si nos llaman desde una empresa en la que hemos sido seleccionados, y por otra quedará garantizada nuestra privacidad.

3. SOBRE EL TRATO
Lamentablemente, Internet se ha convertido en un terreno donde la imagen y la permisividad a veces rayan lo insostenible.

Los usuarios emplean sobrenombres o «nicknames» de lo más extravagantes; algunos ejemplos verdaderamente curiosos son «vivopegadoalatecla», «notecreeriasloquehagomientrashablocontigo» y otros tantos de peor gusto. Otro aspecto a resaltar es lo poco cuidada que aparece la información y la gran cantidad de faltas de ortografía que vemos en los textos no corporativos e incluso en los oficiales. Basta con leer la mayoría de lo que aparece en los salones de chat para llevarse las manos a la cabeza, sin por ello ser ni retrógrados ni demasiado conservadores.

Si lo que estamos es buscando trabajo desde el rigor y la seriedad, lo que hagamos en nuestra vida privada debe quedar al margen. Debemos escoger un nombre para el correo electrónico que indique seriedad y credibilidad. Lo mejor será utilizar nuestro nombre y dos apellidos, desechando nombres raros, números, etc.

El cuidado de la imagen deberá venir también de la forma de expresarnos. No hay nada peor que enviar un correo electrónico sin revisar, escrito deprisa y corriendo y plagado de faltas de ortografía o incluso redactado en código de teléfono móvil, es decir, empleando iconos y recortando las palabras que estamos utilizando. Hacerlo indicará o que somos muy poco maduros o de escasa seriedad.

Otro aspecto a resaltar es el formato de nuestros correos electrónicos. Debemos ser naturales, rigurosos y comedidos. Puede parecernos muy ocurrente decorar con ciertos motivos un correo, jugar con los colores de las letras, incluirle una cenefa o animación a la página, etc. Pero a la persona que lo recibe, salvo que pertenezca a una empresa de extrema creatividad, lo nuestro le puede parecer una extravagancia. Además, si su navegador no está configurado adecuadamente como el nuestro, no sólo no verá nuestros «detallitos», sino que incluso cabe la posibilidad de que le resulten molestos.

Dicho todo esto, el trato debe ser riguroso, formal y profesional, no tanto como para que con la brusquedad o la extrema moderación y parquedad de nuestros envíos parezca que le tenemos miedo al ordenador y a la red, pero tampoco tan extremos como para que crean que acabamos de salir de un animado salón de chat.

Por supuesto, cuando tengamos que responder o cumplimentar cualquier tipo de formulario virtual, a veces será recomendable estudiarlo detenidamente, y posteriormente preparar la forma más correcta de responder o cumplimentar.

NO ES ORO TODO LO QUE RELUCE
Ya hemos comentado que Internet no es la panacea, aunque a veces lo parezca. De entrada, la utilización de este tipo de tecnología ya nos sitúa con ventaja respecto a las personas que no se saben manejar a nivel usuario con la informática, algo que por otra parte es cada vez más necesario, por no decir imprescindible.

Recordemos que el simple hecho de buscar anuncios virtuales y participar en las ofertas rellenando formularios implica que sabemos de qué estamos hablando. Ahora bien, conozcamos las ventajas e inconvenientes de la red.

Como hemos comentado, dentro de las ventajas destacaremos que los tiempos en Internet se reducen de forma considerable. Lo bueno es que los trámites y esperas se agilizan, pero lo malo es que los puestos de trabajo se cubren también a mayor velocidad. El resto de las ventajas para el futuro empleado han quedado de manifiesto en las páginas precedentes, pero ¿qué ventaja supone Internet para la empresa?

A grandes rasgos, vemos que se ahorran tiempo y gestiones. El correo y los currículums de papel no se acumulan en la mesa de recepción o sobre la del jefe de personal, quien tiene la ventaja de que consulta el correo electrónico cuando lo desea e imprime sólo aquellos datos que le parecen interesantes. Por otra parte, el anuncio está siempre a la vista, no es preciso esperar a que se publique un día determinado y, por tanto, tampoco es necesario destinar unos horarios para atender a los candidatos.

Un estudio americano respecto de la contratación de personal mediante metodologías virtuales reflejó que una empresa podría llegar a ahorrar miles de dólares utilizando Internet para seleccionar a sus trabajadores, contando el tiempo que se ahorraba en la selección y el dinero que también se ahorraba al no tener que publicar anuncios en la prensa tradicional.

Como veremos más adelante, en función de cuáles sean nuestras aspiraciones laborales, formación y experiencia, también podremos utilizar la red para ahorrar tiempo creando nuestra propia página web de autopromoción.

Ahora bien, como decíamos, no todo son ventajas; vayamos con las pegas. De entrada destacaremos la falta de privacidad y la inseguridad que supone el uso masivo de Internet, es decir, el peligro que significa el que nuestros datos puedan caer en manos desaprensivas. Otra de las desventajas más relevantes es que no todos los sectores del mundo laboral publican sus ofertas de empleo en Internet y, por supuesto, no todos utilizan la red como un sistema para llevar a cabo sus selecciones de personal. Dicho de otra forma, el mercado laboral todavía está un tanto limitado.

Salvando estas distancias podemos afirmar que Internet es un medio con mucho futuro en lo que a la búsqueda de empleo se refiere. Tanto es así que somos de la opinión de que sería oportuno que todos los que mantienen una actividad laboral, especialmente aquellos que están vinculados a profesiones liberales, dispusieran de un dominio personal que fuera una página que, debidamente promocionada, serviría para indicar cuáles son nuestros estudios, trabajos, experiencias profesionales, etc.

CREANDO NUESTRA WEB

Vaya por delante que no podemos indicarle al lector cuál es el proceso técnico preciso para llevar a cabo su página web personal. Implicaría entrar en terrenos no previstos para esta obra y ocupar un espacio en detrimento de otras temáticas. Veremos, pues, cuáles serán los puntos básicos.

1. Debemos entrar en contacto con un suministrador de servicios de alojamiento web. Encontraremos un buen número de estas empresas escribiendo en el buscador «web hosting». Estas empresas se encargarán de llevar a cabo las gestiones oportunas para reservar nuestro dominio o dirección de web y nos informarán sobre la cantidad de espacio que necesitamos contratar para ello.

2. La mayoría de los servicios de hospedaje incluye un número determinado de cuentas de correo, de manera que podremos disponer también de un correo electrónico personal vinculado a nuestro dominio.

3. Una vez dispongamos del alojamiento web, debemos contar con un programa que nos sirva para construir las páginas web. En el paquete integrado de Microsoft Office podemos encontrar el programa Frontpage, una perfecta y sencilla herramienta para elaborar páginas web, aunque también es factible (pero menos profesional) hacerlo a través de Word, guardando los archivos como Html.

Disponer de una página web implica por un lado una forma diferente de buscar trabajo, ya que en nuestro currículum podemos remitir a ella a las empresas a las que acudimos y, por otra parte, es que somos una ventana abierta al mundo. Claro que, como contrapartida, la página web nos exigirá una cierta dedicación. No hay nada peor que una web que está eternamente caducada. Dicho de otro modo, debemos velar por actualizar nuestra web con la máxima frecuencia que sea posible.

¿Qué debemos incluir en nuestra página web? Sin lugar a dudas, información. No se trata de hacer un memorándum, bastará con incluir los siguientes datos:

▶ Breves apuntes biográficos que deberán incluir el lugar y fecha de nacimiento, y cuatro notas sobre nuestra persona, objetivos profesionales, proyectos, etc.

▶ Detalle de los estudios cursados, en este caso, por años, incluyendo si son buenas las notas de las materias.

▶ Podemos incluir un hipervínculo para menciones especiales, premios escolares o estudiantiles.

▶ En otro apartado, a modo de botón, debemos incluir nuestra experiencia profesional. Lo ideal es hacerlo también por años.

Como complemento, si la hemos llevado a cabo en varios sectores o ramos empresariales, podemos organizarlo también en base a los sectores.

▸ Podemos incluir una fotografía, siempre reciente, pero no debemos cargar las páginas con imágenes que no contengan una información esencial.

▸ En el diseño de la web debe prevalecer lo práctico sobre lo estético, aunque no debemos olvidar dicha cuestión.

▸ Debemos contar con un apartado de contacto, lo mejor será incluyendo un hipervínculo a nuestra dirección de correo.

EL MIEDO AL PRIMER EMPLEO

Hasta el momento hemos visto algunos apartados relativos a la organización y búsqueda de empleo, pero no quisiéramos pasar por alto que para muchos lectores éste puede ser el primer libro que hojean sobre la materia, y que lo hagan, además, porque quieran llevar a cabo la que será su primera búsqueda formal de un puesto de trabajo.

La juventud, los objetivos, las ilusiones, son elementos esenciales para el triunfo; lo malo es que la inexperiencia y muchas veces la obtención de resultados a medio plazo, en lugar de a corto, generan una cierta desesperación.

Lo primero que debemos tener en cuenta si somos buscadores noveles es trazar un plan asumiendo dos cosas muy claras: que nada nos será regalado y que las cosas no siempre salen como uno quisiera. Pese a todo, no debemos vivirlo como un fracaso, sino como uno más de los pasos que nos tocará dar a lo largo de toda nuestra vida.

Debemos entender que quizá al principio deberemos conformarnos con «casi cualquier cosa», pero ello no nos debe frenar. No debemos ser conformistas. Tenemos la obligación de ir a más. Los jóvenes no son conscientes de ello, pero el tiempo pasa más deprisa de lo que parece y no hay nada más lamentable que tener que escucharse a uno mismo diciendo «si hubiera hecho...», recordando con un cierto dolor, ya en una edad más avanzada, las oportunidades que perdimos.

Los jóvenes, más que cualquier otro sector de la población, deben intentar potenciar la humildad. A veces la protección paterna hace que nos pensemos que todo lo que sucede a nuestro alrededor es por nuestro valor, nuestras gracias y nuestros merecimientos. Lamentablemente, no siempre es así.

Debemos ser humildes, con cierta moderación, para poder entender que nadie nos regalará nada en la vida, porque tampoco lo hicieron con nuestros padres. Es cierto que podemos tener golpes de suerte, pero incluso la suerte es preciso buscarla, empleando para ello todos los medios a nuestro alcance.

La mejor forma de avanzar con seguridad en la búsqueda de empleo es mantener una firme voluntad, una enorme paciencia y un gran conocimiento de uno mismo.

Si no nos conocemos o, mejor dicho, si afirmamos que nos conocemos pero en cambio no queremos reconocer lo que somos, cómo actuamos, pensamos y vivimos, difícilmente estaremos en condiciones de estar a la altura de las circunstancias que nos exigirá la vida y el trabajo.

Tenemos que saber valorar nuestra persona, pero desde un punto de vista objetivo, siendo capaces de reconocer nuestros errores, carencias e incluso incompetencias, porque sólo de esta forma podremos corregirlo.

No debemos tener miedo, pero tampoco debemos actuar con prepotencia. Recordemos que si fallamos o fracasamos, no podemos afirmar que los demás son siempre los culpables de aquello que nos sucede.

Por último, recordemos siempre la máxima de que nada es para siempre, pues incluso lo que parece inamovible efectúa pequeñas evoluciones en el espacio y en el tiempo.

03

APRENDIENDO A SELECCIONAR

Como hemos podido comprobar a través de las páginas precedentes, disponemos de varias áreas en las que encontrar trabajo. Sin embargo, ocurre que a veces podemos encontrarnos con un pequeño problema: ¿Qué nos está pidiendo realmente el anuncio? ¿Cumplo el perfil? ¿Hacia dónde estoy a punto de dirigirme? Estos y otros aspectos pueden quedar subsanados con un poco de información.

Es evidente que un trabajo es una ocupación retribuida, si bien dicha ocupación consiste en el conjunto de actividades y responsabilidades que nos pueden asignar dentro de una organización empresarial.

A grandes rasgos, diremos que existe un organigrama que define los cuatro grandes grupos relacionados con la calidad y el tipo de responsabilidad que comporta cada puesto de trabajo. Estos grupos son los compuestos por directivos, mandos intermedios, técnicos y operarios:

Grupo Directivo

▸ Sus componentes pueden verter su conocimiento orientándolo hacia todo tipo de áreas técnicas, científicas o funcionales, y centran también su responsabilidad en supervisar el trabajo de terceras personas.

Grupo Intermedio

▸ Los mandos intermedios centran sus conocimientos en procedimientos de tipo práctico y también tienen la responsabilidad de supervisar el trabajo de terceras personas.

Grupo Técnico

▸ Orientan su conocimiento a áreas técnico-científicas y funcionales y su responsabilidad siempre suele estar basada en su propio trabajo.

LAS MUCHAS ÁREAS DE UNA EMPRESA

Toda empresa necesita organizarse de manera estructurada en lo que podríamos denominar como áreas funcionales básicas, que no es más que el conjunto de actividades especializadas comunes a todas las organizaciones, sea cual sea la actividad a la que se dediquen. Es evidente que en función de lo grande que sea la empresa, dichas áreas estarán sujetas a pequeñas modificaciones, pero en general podemos decir que las funciones básicas de estas áreas son las de producción, recursos humanos, área comercial, administración y finanzas, calidad y sistemas de información. Veamos cómo funcionan:

1. ÁREA DE PRODUCCIÓN

Se encarga de fabricar el producto y puede estar compuesta por los siguientes sectores: ingeniería industrial y de procesos, departamento de compras, planificación y control de la producción, e investigación y desarrollo.

2. ÁREA COMERCIAL

Se ocupa de vender el servicio o producto que fabrica o crea la empresa. En ella están involucrados departamentos de publicidad, promoción y márketing, ventas y administración de ventas, logística y distribución y estudio de nuevos productos. En sí, el departamento comercial, que siempre suele decirse que es uno de los más creativos, puede estar sectorizado o agrupado por diferentes departamentos; todo ello dependerá del volumen de negocio de la empresa, así como del número de trabajadores que tenga.

Merece la pena destacar que en muchas empresas pequeñas el área comercial a veces está totalmente cubierta por dos o tres personas que se responsabilizan de la totalidad de los departamentos ocupando puestos de multigestión.

3. ÁREA DE ADMINISTRACIÓN Y FINANZAS

Tiene la misión de controlar tanto los costes como los beneficios a los que estará sujeta la empresa y, como es evidente, tiene repercusión sobre todas las áreas.

En administración y finanzas encontraremos los departamento de tesorería, créditos y cobros, impuestos y seguros, contabilidad general y de costes, control de gestión y presupuestos, auditoría interna e informática.

4. ÁREA DE RECURSOS HUMANOS

Se ocupa del desarrollo y la motivación de los integrantes de la empresa y de la captación de nuevos integrantes a la misma.

ALGUNOS CONCEPTOS CLAVE

Por norma general, los anuncios que podemos encontrar se refieren a las ofertas laborales de una forma clara, que además nos resultará muy familiar una vez hayamos leído unos cuantos. Sin embargo, dentro de la terminología merece la pena destacar tres apartados:

1. Misión del puesto

Los puestos de trabajo se describen en términos universalmente conocidos y aprobados como los de «misión del puesto» o que explica en qué va a consistir concretamente nuestra contribución a la organización.

2. Responsabilidades básicas

Es el apartado donde de una forma más o menos detallada se nos relata cómo llevaremos a cabo nuestro trabajo y cuáles serán las cuestiones principales a las que deberemos enfrentarnos.

3. Perfil del aspirante

Hablará básicamente de cómo debe ser el futuro trabajador, del tipo de formación, edad, antecedentes, experiencia, etc., que debe tener. Es una pequeña radiografía de lo que se espera que seamos para acceder al puesto ofrecido; sin embargo, no debemos desanimarnos si no cumplimos al cien por cien todo lo exigido, mucho más si podemos ofrecer algún elemento complementario que tal vez no está incluido o adecuadamente referenciado en el texto del anuncio.

Comprende los sectores de selección, formación, retribución, planificación y desarrollo de recursos humanos, relaciones laborales, administración de personal, y servicios sanitarios y sociales.

5. ÁREA DE CALIDAD

El objetivo básico es la continua mejora del producto. Tiene la misión de implicarse y velar por la correcta puesta en marcha de las normas de calidad exigidas tanto por el sector empresarial como por las normativas del país en el que desarrolla su actividad comercial. Velará también por la correcta realización de todos y cada uno de los procesos de producción.

6. ÁREA DE INFORMACIÓN

Desde esta área se responsabilizan del tratamiento de la información dentro de la empresa, coordinando y dirigiendo los medios técnicos y materiales necesarios para mejorar los sistemas de información, la programación y el análisis funcional de las nuevas aplicaciones y el mantenimiento de las existentes.

Los responsables de estas áreas regularán y controlarán también la implantación, mantenimiento y dirección de sistemas operativos y software básicos de la empresa y, finalmente, la ofimática que controla el mantenimiento adecuado de toda la estructura informática.

INTERPRETANDO LAS OFERTAS

Ya hemos comentado que los anuncios a veces no son lo que parecen. Ahondando un poco más, veamos cómo darnos cuenta de hasta qué punto la oferta puede resultar interesante. Es evidente que si ejercemos una lectura atenta de los anuncios aprenderemos a discernir entre los diferentes tipos de ofertas; sin embargo, detallamos seguidamente algunos consejos que pueden ser de gran utilidad.

1. ANUNCIOS DE RIGOR

En ellos podemos ver una información bastante o muy detallada. Se nos ofrecen datos de la empresa, todo lujo de detalles sobre lo que ofrece y marca claramente el perfil de trabajador que necesita.

2. ANUNCIOS QUE CONFUNDEN

No todo el mundo puede permitirse la ubicación preferente en el periódico o en la página principal de una web. Debemos llevar cuidado con este tipo de anuncios que a veces no ofrecen trabajo, sino que buscan clientes con la excusa del trabajo.

Salvo que la marca o nombre de la empresa que haya detrás del anuncio tenga una cierta reputación, debemos dudar.

3. ANUNCIOS POR TAMAÑOS

Es evidente que todos podemos pensar que el tamaño del anuncio es lo más relevante de la empresa y nos marca una seriedad en la oferta. Ciertamente, las empresas importantes tienen más presupuesto para la difusión de sus ofertas y por eso intentan destacarlas al máximo. Pero esto no significa que las ofertas de tamaño reducido no sean de fiar. Eso sí, debemos dudar de esos anuncios que nos ofrecen grandes cosas y condiciones en un reducido espacio de publicidad en un diario de segunda. La poca inversión en su publicidad ya es un reflejo de lo poco que cuidan la búsqueda de empleo.

A veces una empresa solvente puede optar por cubrir más medios con anuncios más pequeños que gastarse toda la inversión en unos pocos anuncios mucho más grandes. Pero si es realmente solvente no acostumbrará a centrar sus campañas en publicidad muy pequeña.

4. ANUNCIOS CON LOGOTIPOS

No debemos dejarnos deslumbrar por el logotipo. Las grandes marcas muchas veces aprovechan que sus logotipos son conocidos para destacarlos en el anuncio y así de paso fomentan su publicidad y al tiempo buscan los trabajadores adecuados.

La ventaja del anuncio que incorpora el logotipo de la empresa es que nos da una referencia sobre su solidez, trayectoria comercial y al tiempo nos permite informarnos detenidamente sobre ella en Internet. Estas características pueden ser muy interesantes para adaptar, si fuera el caso, nuestro currículum y adecuar la carta al tipo de anuncio que estamos viendo.

Por supuesto, el hecho de que el anuncio no lleve logotipo no le resta seriedad al comunicado. Debemos saber que a veces la empresa no quiere alertar a sus competidores sobre las incorporaciones de personal que está llevando a cabo.

Merece la pena tener en consideración que cuando el logo corresponde a una consultoría de recursos humanos, significa que la empresa ha encargado el proceso de selección a un equipo de expertos externos. Este hecho ya nos da una pista sobre la relevancia que puede tener la empresa, ya que por norma general las pequeñas empresas declinan este tipo de actividad y se encargan personalmente de la gestión de búsqueda.

5. OTROS ASPECTOS QUE CONVIENE TENER EN CUENTA

▸ Por norma general, la gran mayoría de los anuncios de oferta pública de empleo suelen corresponder a centros que preparan las oposiciones. Dicho de otro modo, no estamos ante una oferta de empleo, sino ante un recurso que se nos venderá como tal, incluso puede que hablándonos de sueldos.

▸ Debemos tener precaución con aquellos anuncios que nos están ofreciendo grandes cantidades de dinero a cambio de un esfuerzo muy reducido.

▸ En un anuncio de trabajo que pretenda ser serio el sueldo no debe ser lo que destaque. Si lo que se resalta del anuncio por encima del perfil del trabajador que se está buscando es un salario alto, sin especificar el tipo de tarea que tendremos que desarrollar, puede que nos encontremos ante una ocupación sumergida o piramidal, cuando no de dudosa legalidad.

▸ En ocasiones algunas empresas destacan los altos sueldos y luego, en un tipo de letra menor, en el que no siempre nos fijamos, observamos que se nos indica que se trata de un trabajo con sueldo más comisión. En estos casos los sueldos suelen ser bastante bajos y el salario que se nos ofrecía de forma destacada es lo que puede llegar a ganar un muy buen comercial, pero no la gran mayoría de las personas.

▸ En los anuncios clasificados, muchas veces podemos observar avisos de puestos de trabajo en los que no se requiere ni experiencia previa ni formación. Puede tratarse de ventas, algo casi seguro cuando nos hablan de conceptos como formación a cargo de la empresa.

▸ En ocasiones, los anuncios de poca cualificación están reservados a estudiantes o personas que desean obtener un ingreso extraordinario. Suelen ser ofertas de puestos de trabajo que a menudo se realizan a domicilio (clases particulares, limpieza, cuidado de niños, pequeñas reparaciones...). Por lo general, son empleos sin contrato legal y que suelen estar remunerados por horas y sin ningún tipo de seguro.

¿CON QUÉ ME QUEDO?

Si hay más de un anuncio, y seguro que así es, que parece cumplir nuestras expectativas, a veces ocurre que no sabemos si decantarnos por los que aluden a grandes compañías y multinacionales o por el contrario inclinarnos hacia los de las pequeñas y medianas empresas (PYME). Lo cierto es que debemos tener en cuenta que el tamaño no es la única diferencia entre las grandes y pequeñas empresas, y lo cierto es que muchas veces las grandes oportunidades no están en las grandes. Veamos algunos puntos que debemos tener en consideración:

1. SOBRE LA RETRIBUCIÓN

El dinero, o si se prefiere el nivel elevado de ingresos, no siempre está en las grandes empresas. Muchas veces es así, pero no siempre. El salario depende de la filosofía de la empresa y no del tamaño; hay grandes empresas que, con el argumento de la solidez, la expansión y la posibilidad de ascender poco a poco, pagan menos que las PYME.

De entre las grandes empresas merece tenerse en consideración que aquellas cuya filosofía es que las personas son el motor de la compañía, ofrecen salarios altos, ya que lo que buscan es que los trabajadores se sientan a gusto y defiendan su puesto y su empresa, por ello gozan de una mejor calidad y mejor sueldo. En cambio, aquellas empresas cuya filosofía está orientada básicamente a la obtención de resultados básicos, suelen pagar el mínimo que establece el convenio laboral.

2. SOBRE LA ESTABILIDAD

Es cierto que aquello de «trabajo para toda la vida» ya ha pasado prácticamente a la historia, aunque todavía se puedan encontrar, si bien en mucha menor medida que hace algunos años.

Si lo que buscamos es un trabajo duradero, quizá no para toda la vida pero casi, lo que tendremos que hacer es decantarnos la mayoría de las veces por las pequeñas y medianas empresas. En este tipo de entidades, a no ser que el negocio vaya mal, aún es posible hablar de trabajo asegurado para toda la vida. En cambio, una gran empresa se lo pensará bastante menos en el instante que tenga que reducir plantilla.

En el caso de las multinacionales, puede que un centro de trabajo les dé beneficios, pero no dudarán en cerrarlo si en otro país pueden obtener beneficios que resulten todavía más ventajosos.

3. SOBRE LA PROMOCIÓN

Algunas personas buscan, por encima de todo, el ascenso y la promoción. Desean tocar techo en la empresa para luego ir a otra y efectuar el mismo camino. En cambio, muchos trabajadores se conforman con tener seguridad, aunque sea siempre con la misma categoría laboral y ocupación.

Por lo que se refiere a las posibilidades reales de promoción en las grandes empresas, hay más cargos intermedios y directivos que en las PYME. Por tanto, será mucho más fácil ascender en las primeras que en las segundas. Ahora bien, debemos tener claro que en una gran empresa el número de candidatos que compiten por la promoción también es mayor.

Sin lugar a dudas, si queremos ascender y lograr nuevas cotas de trabajo, aunque a veces corramos el riesgo de que la durabilidad del contrato sea menor, debemos decantarnos por las ofertas de las grandes empresas. Eso sí, recordemos que en dichas entidades también puede ocurrir que el puesto al que accedamos tenga pocas posibilidades de ascenso, por lo que debemos informarnos bien al respecto de las posibilidades reales de poder «tocar techo», aunque sea con el tiempo.

4. SOBRE LOS TRABAJADORES

Muchas personas piensan que trabajar es simplemente cumplimentar un horario determinado y que el ambiente laboral es lo menos relevante. Lo cierto es que, por mucho que ésa sea nuestra filosofía, debemos tener claro que, salvo que tengamos una gran capacidad de abstracción, no podremos desligar el ambiente laboral de nuestra vida.

Debemos ser consecuentes: lo normal será que pasemos más horas con los compañeros de trabajo que con nuestra pareja.

Por lo que al ambiente laboral se refiere, desde luego no dependerá tanto de la empresa, sino de las personas que la formen. Es cierto que, cuanto mayor sea la empresa, estaremos con más personas, pero no nos engañemos, acabaremos trabajando en un departamento o grupo y al resto las veremos muy poco o nada.

En las PYME el ambiente de trabajo suele ser más familiar, hay más contacto entre los trabajadores e incluso los superiores y jefes suelen ser bastante más comprensivos que en las grandes empresas. Pero también puede suceder que acontezca un problema y entonces el ambiente reducido termine por agravar la situación que se ha creado.

Es cierto que debemos buscar un buen ambiente laboral, pero eso no lo podremos valorar siempre de entrada, aunque sí que debemos intentar buscarlo desde el primer día, mucho más si entramos en una pequeña empresa, donde pasaremos menos desapercibidos que en una grande.

5. SOBRE EL DESARROLLO

Tanto desde un punto de vista personal como profesional y técnico, la gran empresa vence a la PYME. Si lo que buscamos es una formación continuada, ganar en experiencia en varios campos y lograr un desarrollo tecnológico sobre nuestro trabajo, debemos decantarnos por las grandes empresas donde hay más equipos de trabajo y más departamentos que en una PYME.

La ventaja de las grandes empresas es que poseen más departamentos y que el contacto con ellos enriquece nuestros conocimientos y nos proporciona una visión más amplia de los negocios. Además, la mayoría de las grandes empresas ofrecen planes de formación a sus empleados. En cambio, en las pequeñas empresas llegará un momento en que tocaremos techo y el trabajo puede volverse, en cierta manera, aburrido y muy repetitivo.

OTROS ASPECTOS A CONSIDERAR

▸ La comunicación es mucho más directa en las PYME que en las grandes empresas. Por mucho que las nuevas tecnologías hayan roto barreras, para la comunicación entre los trabajadores, así como entre los jefes y los subordinados, los conflictos por errores y malentendidos son mucho más frecuentes en las grandes empresas que en las pequeñas.

- El trato humano es una gran diferencia entre grandes y pequeñas empresas. Más allá del ambiente laboral, la pequeña empresa tiende a estar más humanizada y a compartir los aspectos personales incluso más allá del trabajo.

- Atrás ha quedado aquello de «aprendiz de todo y experto en nada», ahora las empresas buscan un experto en una materia determinada y un aprendiz en todo lo demás.

- Salvo casos muy concretos, la polivalencia es esencial en todas las empresas, pero en las pequeñas dicha polivalencia puede acabar por ser una obligación, ya que la carencia de personal implica que un mismo trabajador tenga que abordar cuestiones que muchas veces no le competen de forma directa.

- Si esperamos beneficios adicionales como seguros de vida o de salud, plazas de párking e incluso coche, participación accionarial en la empresa o pluses por beneficios e incluso tiques de alimentación y descuentos en determinados establecimientos comerciales, debemos decantarnos por las grandes empresas.

04

NUESTRAS TARJETAS DE PRESENTACIÓN

La clave del éxito a la hora de buscar un trabajo está en el poder de comunicación y la capacidad que tengamos para «vendernos» como futuros empleados de la empresa. Estos puntos los conseguiremos, como es lógico, superando una entrevista de selección de personal y unas pruebas alusivas al puesto al que optamos. Pero todo ello difícilmente llegará si no somos capaces de llevar adelante un correcto currículum.

A grandes rasgos, diremos que el currículum es un resumen por escrito y planteado de forma ordenada de todas las experiencias tanto académicas como laborales que poseemos y que a priori presentamos a la empresa como garantía de nuestras capacidades. De esta forma el currículum es nuestra tarjeta de presentación, por lo que debemos hacer un esfuerzo por organizarlo y llevarlo a cabo de manera adecuada.

Todo buen currículum que se precie debe destacar y lograr tres metas: en primer lugar, captar la atención de la persona responsable de recursos humanos. Si a primer golpe de vista nuestro currículum vitae (en adelante, CV) se presenta sucio, descuidado o incompleto, tenemos todas las de perder y no seremos capaces de llegar a la primera meta, obtener una cita con la empresa.

El segundo aspecto que debemos considerar de nuestro CV es facilitar al máximo el trabajo del seleccionador y ello sólo será posible si el CV es claro, está bien organizado y va directo a los puntos más interesantes. Recordemos que un CV no es una carta ni un informe redactado de nuestra vida académica o profesional, sino un resumen de los aspectos más relevantes.

Por último, el tercer punto que debe tener todo CV que se precie es mostrar nuestra formación y capacidades. Veamos seguidamente las consideraciones que debemos tener para preparar el CV.

1. ORGANIZACIÓN

Antes de redactar el CV debemos organizar la información en «sucio», a manera de borrador. Debemos recopilar todos los datos y ver de qué manera les vamos a dar forma. Pensemos que primero será preciso hacer varios borradores antes de llegar a obtener nuestro currículum definitivo. No debemos tener prisa y además es un trabajo que nos puede servir para mucho tiempo si lo transcribimos a un ordenador y periódicamente lo vamos actualizando en función de nuestras variaciones laborales.

2. CUIDADO

El documento que es el CV debe estar impreso en un papel blanco y de buena calidad. La impresión también debe ser de la máxima claridad y, si no disponemos de una impresora que nos dé la calidad que necesitamos, debemos buscar otra que sí la tenga, ya sea en un establecimiento especializado o a través de un amigo que nos lo pueda imprimir. Por supuesto, siempre entregaremos originales, salvo que se trate de una fotocopia de tan alta calidad que sea difícil diferenciarla del original.

El cuidado del CV pasará también por llevarlo perfectamente encuadernado. No hace falta mostrar ostentación, pero no hay nada peor que unas hojas mal grapadas, enganchadas malamente con un clip o incluso sueltas. La correcta encuadernación del documento dice mucho de nosotros y del cuidado que ponemos en aquello que hacemos.

3. REDACCIÓN Y DISEÑO

El texto del CV debe ser claro y no infundir dudas. Las frases cortas serán mejores que las largas, y los párrafos no deberían ser superiores a tres o cuatro líneas, más de eso puede ser poco agradable de leer. Por supuesto, nuestro CV no debe contener faltas de ortografía, de manera que si no estamos seguros de saberlo corregir adecuadamente, debemos solicitar la ayuda de quien sepa más que nosotros en este apartado. Recordemos también que generalmente uno no suele ver claramente los errores de lo que ha escrito, ya sea por no leer el material con la atención que se merece o por tener una idea fija en la mente que provoca que de forma involuntaria las faltas se «obvien» como por arte de magia.

Por lo que al diseño se refiere, salvo que se trate de un trabajo especialmente creativo, dejaremos de lado la sofisticación buscando un diseño riguroso y serio por encima de caer en virtuosismos o complejidades de diseño que a nada conducen más que a la confusión.

4. EMPATÍA

No siempre es bueno tener un único CV, a veces lo correcto es tener uno que consideraremos principal y que podremos ir variando según la empresa a la que lo vamos a enviar. Por ejemplo, aunque seamos diseñadores gráficos, no entenderán ni verán igual nuestro currículum en una agencia de viajes que en una matrimonial o en un banco, pese a que los tres negocios estén buscando un diseñador para sus campañas de promoción e imagen. Debemos estar en condiciones de adecuar y adaptarnos al «cliente» que va a adquirir nuestros servicios.

5. PROHIBICIONES

Mal que nos pese, hay algunas cosas que no debemos incluir en el currículum y que no debemos hacer. Por ejemplo, indicar los motivos que nos llevaron a desvincularnos de trabajos anteriores. De la misma forma, debemos dejar de lado los comentarios relativos a nuestras filosofías, ideas religiosas o políticas.

Otro aspecto que debemos dejar de lado es el hecho de dar una imagen de apremio o excesiva necesidad. El selector de personal ya sabe que estamos buscando trabajo y con ello es más que suficiente. No hace falta, es más, no es nada recomendable, que expliquemos en un CV nuestra situación económica o problemática financiera del momento.

Por supuesto, y aunque es evidente, no mentiremos ni inflaremos en nuestro beneficio los datos vertidos.

6. OTRAS CONSIDERACIONES

En nuestro CV, al margen de los datos que aparecerán como «obligatorios», siempre que sea posible debemos incluir las aportaciones y logros obtenidos en anteriores trabajos. De la misma forma debemos resaltar aquellas cuestiones que hicimos en otro momento y que pueden tener alguna vinculación con la empresa a la que nos dirigimos.

Si en el CV citamos a terceras personas o empresas como «referencias», debemos hacerles llegar una copia del CV tras haberles informado de dicha inclusión.

LOS DATOS DEL CURRÍCULUM

Ya hemos comentado que el CV no puede improvisarse. Debemos pues recopilar la información en bruto o sucio y poco a poco ir pasándola a limpio y de forma ordenada. A grandes rasgos, éstos son los datos que debemos incluir:

1. DATOS PERSONALES

Tras la cabecera de Currículum Vitae lo primero que debe aparecer son nuestro nombre y dos apellidos, seguidamente nuestra fecha y lugar de nacimiento, por último escribiremos la dirección completa y añadiremos, si fuera el caso, el apartado de correos. En la línea siguiente indicaremos nuestra dirección virtual de correo electrónico, así como el o los teléfonos de contacto con los que se puede contactar con nosotros.

2. DATOS ACADÉMICOS

Este apartado debe contener toda la información relativa a los estudios, comenzando por la oficial u obligatoria y finalizando por la optativa o no reglada, así como los cursos complementarios y ocupacionales.

En todos los casos debemos incluir el tipo de estudio, el centro donde lo hemos cursado y los años. En el caso de estudios complementarios y ocupacionales debemos incorporar también el número de horas de las que constó el curso. Si se diera el caso de haber asistido a seminarios o congresos y tuvieran algún tipo de relación con el trabajo que estamos buscando, procederemos a incorporar una mención a los mismos.

Dentro del apartado de los cursos hay dos puntos en los que debemos mostrar el máximo de claridad: idiomas e informática.

Hace algunos años incluir el término informática en un currículum manifestaba estar en una posición de avance y proyección, pero en la actualidad la informática, al menos a nivel usuario, es algo prácticamente obligatorio, por lo que debemos ser muy precisos en nuestras exposiciones.

Otro tanto sucede con los idiomas, de los que deberemos definir con claridad nuestras nociones.

A. Informática

Al margen de informar sobre la capacidad de uso que tenemos de los ordenadores, debemos clarificar nuestro dominio de los ordenadores MAC o PC e incluso de ambos (pues cada uno de ellos se maneja con sistemas operativos diferentes). No basta con incluir una línea que diga «informática a nivel usuario». Precisaremos si hemos trabajado en red y matizaremos el manejo de los programas que dominamos.

En el caso del conocimiento de los idiomas de programación incluiremos también cuáles son. Por supuesto debemos incorporar en la información un apartado destinado a clarificar dónde estudiamos y cuántas horas, o si nuestro conocimiento es autodidacta.

B. Idiomas

Existe una fea costumbre de falsear el conocimiento de las lenguas. Recordemos que podemos tener la sorpresa de tener que realizar una entrevista en la que nuestro interlocutor de pronto se ponga a hablar en alguno de los idiomas que supuestamente conocemos.

Debemos ser claros exponiendo primero el lugar de estudios, el tipo de titulación obtenida y el nivel real que tenemos de dicho idioma. Si no hemos estudiado de forma oficial y lo nuestro es el autoaprendizaje, lo indicaremos con claridad, manifestado nuestros conocimientos con los términos «hablado», «escrito» o «hablado y escrito».

3. DATOS LABORALES

El apartado de experiencia laboral es importantísimo y debemos aprender a discriminar. Si hemos realizado muchos trabajos y pensamos que ello puede ser tomado como signo de inestabilidad, seleccionaremos con una cierta coherencia aquellos que han sido más relevantes, pero recordemos que debemos incluir la fecha del trabajo y que las lagunas temporales de periodos largos sin trabajar tampoco serán bien vistas.

Al exponer nuestra experiencia laboral debemos indicar: el trabajo desempeñado o cargo que teníamos; el nombre de la empresa, no siendo necesario que incluyamos su dirección física ni teléfono de contacto, y por último el tiempo que estuvimos trabajando. Tampoco es preciso que incluyamos información sobre el motivo de finalización del trabajo.

En el caso de haber ocupado un puesto de responsabilidad o directivo, debemos incluir una mención respecto de las personas que teníamos a nuestro cargo, así como las características de la empresa y número de trabajadores.

4. DATOS COMPLEMENTARIOS

Con los aspectos anteriores ya tendremos un currículum más que suficiente, ahora bien, es recomendable incluir también aspectos como éstos:

▶ Disposición de carné de conducir

Indicando el tipo y la vigencia, así como la tenencia o no de vehículo, sin que sea preciso matizar el modelo, salvo que pueda tener una relación directa con el trabajo al que optamos.

▶ Disponibilidad horaria

Indicando con claridad de qué se trata, pues algunas personas cometen el error de poner en su currículum «disponibilidad horaria» sin más.

Debemos precisar si nuestra disponibilidad es a jornada completa, a tiempo parcial, veinticuatro horas, turnos rotativos, fines de semana o cualquier otra posibilidad de combinación.

▶ Disponibilidad territorial

Como en el caso anterior, debemos clarificar si estamos o no dispuestos a viajar o incluso a cambiar de residencia.

▶ Cargas familiares

Ya que es optativo no debemos mentir, bajo ningún concepto. Una cosa es tener cargas familiares y otra distinta tener hijos que, quizá, pese a tenerlos no representan una carga o no viven siempre con nosotros.

▶ Aficiones

Sólo las incluiremos cuando creamos que tienen una relación más o menos directa con el puesto de trabajo.

▶ Objetivo profesional

Debemos incluirlo si el currículum parece «cojear» o es disperso, y también cuando se trata de una búsqueda de promoción interna, es decir, en la misma empresa.

LOS MODELOS DE CURRÍCULUM

Pese a que le podamos poner creatividad a la confección del CV, la verdad es que no hay muchas variantes donde escoger en lo que a modelos se refiere. Como veremos seguidamente, podemos optar entre tres modalidades, aunque en esencia todas deben contener los mismos datos, puesto que lo que varía es la forma de presentarlos.

1. EL MODELO CRONOLÓGICO

La presentación de los contenidos se lleva a cabo en base a las fechas, de manera que se exponen los datos desde los más antiguos hasta los más recientes. En este caso el CV tiene que incorporar la fecha de cada empleo, el nombre de la empresa y el cargo que ocupamos en su momento. Hay que indicar el mes y año en que empezamos y acabamos de trabajar en cada compañía. Si hemos estado algunos meses en paro y no queremos que se sepa, podemos obviarlo indicando sólo los años.

Una de las ventajas que ofrece este tipo de currículum es que el que selecciona los candidatos puede apreciar de una forma bastante clara cuál ha sido nuestra evolución en el tiempo. En cambio, una de las desventajas es que, al destacar las fechas, las ocupaciones que llevamos a cabo pueden quedar en un poco recomendable segundo plano.

2. EL MODELO INVERSO

Se trata de una modalidad que persigue justamente lo contrario que el modelo anterior, es decir, la exposición de los hechos profesionales comienzan por lo más moderno o los últimos trabajos que hemos llevado a cabo, y finaliza por aquellos que son más antiguos. La ventaja para el analista de recursos humanos es que puede conocer en primer lugar cuáles han sido las últimas ocupaciones del candidato y verificar en primera distancia la relación que pueden tener con el puesto ofertado.

3. EL MODELO FUNCIONAL

Es como los otros dos pero en este caso se suele centrar más en aquellas habilidades especiales que posee el candidato, así como en sus principales logros y éxitos obtenidos durante su evolución y trayectoria profesional.

Una de las grandes ventajas es que no nos habla de trabajos en sí, sino de cometidos, de aspectos en los que ha participado directamente el candidato, lo que permite crear un perfil paralelo de iniciativa, carácter, etc. Este aspecto es uno de los más valorados y tenidos en cuenta últimamente, ya que al margen de la titulación cada vez se busca más saber si el candidato encajará o no en la plaza que está libre.

Uno de los inconvenientes de este tipo de CV es, y los analistas lo saben, que se tiende a la exageración y a describir los logros de una forma que más bien parecen hazañas. Otro aspecto que destaca como negativo es que nos dará más trabajo este tipo de currículum, ya que no tendremos más remedio que redactarlo y hacerlo de forma escueta y clara.

ESAS MENTIRIJILLAS TAN CONOCIDAS

Con independencia del currículum escogido, aunque lo ideal sería usar una mezcla entre el funcional y el inverso, insistimos una vez más que lo peor es la exageración y la invención, ya que corremos el riesgo de ser pillados in fraganti. Los «apaños» más frecuentes y conocidos son la manipulación que se hace en el apartado de los idiomas, de manera que se producen una serie de «errores» de expresión, ya que cuando se incluye el término «dominio medio», en realidad acostumbra a ser «nivel básico», y cuando aparece dicho concepto en realidad lo que se tienen son «nociones simples».

Otro de los «arreglos» curriculares son los ajustes en el tema laboral. Lo menos frecuente, aunque también se dan algunos casos, es inventar puestos ficticios. Lo más corriente es alargar los períodos de ocupación para de esta forma esconder aquellos meses en los que se ha estado inactivo.

Un tercer y último apartado que da bastante juego es la inclusión de cursos, de manera que se definen como terminados cursos que no lo están, talleres complementarios o seminarios que en realidad no se han llevado a cabo nunca. En este apartado los temas siempre suelen ser poco comprometidos, puesto que el objetivo es «llenar» unas líneas de currículum.

Los selectores de personal saben que a veces se inflan los CV y están muy al tanto que quien más tiende a hacerlo son los recién licenciados que, pese a tener una formación sólida, carecen de experiencia, así como las personas que no tienen una gran calificación profesional y aquellas que desean ocultar un largo periodo de inactividad profesional.

LAS CARTAS DE PRESENTACIÓN

No hay CV que se precie que no vaya acompañado de una buena carta de presentación. De hecho, se trata del texto que presentará nuestro CV y, por tanto, es un elemento que nos puede diferenciar del resto de los candidatos, especialmente porque la mayoría de las cartas son un puro trámite. En cambio, si sabemos darle un toque de gracia nos puede hacer ganar puntos para con los entrevistadores y con la empresa.

Para llevar a cabo la carta debemos seguir los mismos patrones y normas que hemos considerado con el currículum, es decir, debemos mantener una exquisita pulcritud, limpieza, elegancia y redacción adecuada.

Dado que la carta debe mantener una línea compatible con el currículum, procuraremos utilizar para su redacción el mismo tipo de letra, interlineado y margen. Por supuesto, todos estos puntos no podrán tenerse en cuenta si se trata de llevar a cabo la carta a mano, cosa que sólo haremos si así lo especifica el anuncio.

La carta no debe ser larga en explicaciones. Los expertos consideran que con dos o tres párrafos debería ser más que suficiente, siempre y cuando la carta sea clara y directa en sus argumentos, lo que quiere decir que si el currículum lo hemos preparado en borrador, con la carta quizá tengamos que hacer varias pruebas antes de obtener una misiva que sea definitiva. Una correcta carta debería contener lo siguientes apartados:

1. IDENTIFICACIÓN

No es preciso hacer grandes presentaciones, simplemente se tratará de incluir nuestro nombre, dos apellidos y dirección completa en la cabecera.

2. DESTINATARIO

Se trata de escribir el nombre y los apellidos de la persona a quien va dirigida la carta. Debemos incluir también el cargo que tiene dentro de la empresa. En el caso de que no sepamos a quién debemos dirigir la carta, porque carecemos del nombre, debemos efectuarla a la atención del responsable del departamento de recursos humanos o de personal.

3. DATACIÓN

No hay nada peor que no incluir la fecha en la carta y la ciudad desde la que la estamos escribiendo. Un consejo es dejar la fecha en blanco y sólo incluirla el día que se va a hacer el envío, de esta forma parecerá que el texto ha sido preparado de forma más actual.

4. FIRMA

Una carta sin firma dice mucho de nosotros... negativamente. Toda carta que se precie debe incluir la firma y la rúbrica. De hecho, pensemos que éste será un dato que puede ser de interés para el departamento de grafología.

5. CONTENIDOS

Debemos indicar el motivo por el que nos dirigimos a la empresa, ya sea porque hemos visto un anuncio, porque tenemos conocimiento de la existencia de una plaza vacante, etc. Incluiremos también los motivos que nos empujan a querer trabajar en dicha empresa y, al tiempo, debemos clarificar qué podemos aportar, es decir: experiencia, conocimientos, etc. En la misiva debemos indicar también el puesto al que pretendemos acceder, ya que no sabemos si hay una o varias vacantes y de esta forma, al margen de mostrarnos bien informados, evitaremos confusiones.

6. ASPECTOS A CONSIDERAR

▸ En el caso de que acudamos a la empresa siguiendo las técnicas de puerta fría, debemos indicar cómo hemos conocido la empresa. Podemos decir que un contacto nos ha hablado de ella, que la hemos encontrado a través de Internet, etc.

▸ Si consideramos que tenemos algún punto fuerte que tal vez no queda claro en el currículum o que deseamos destacar de él, la carta será el mejor lugar para hacerlo.

▸ Aunque ya lo indiquemos en el currículum, debemos clarificar nuestra disposición a ser localizados por la empresa, indicando para ello nuestro número de teléfono, correo electrónico, etc.

05

LA ENTREVISTA

Aseguran los expertos que la entrevista ideal y perfecta es aquella que se ajusta a todas y cada una de las necesidades del puesto de trabajo a cubrir. Dicho de otro modo, de la entrevista, más que de todo aquello que hemos explicado en el currículum, puede depender que obtengamos o no la plaza laboral que estamos buscando.

En la entrevista, que puede venir acompañada por una serie de pruebas de selección, es cuando nos lo jugamos todo. Es cierto que puede que la entrevista quede en un segundo lugar y sean precisamente las pruebas a las que nos someta la empresa las que determinen nuestro grado de validez, pero lo normal es que debamos pasar también por esa prueba cara a cara, a veces compleja, que es la entrevista.

Por norma general los entrevistadores, que pueden ser selectores de una empresa externa, los jefes de personal, psicólogos y, en determinados casos, los jefes de la empresa o negocio saben que el candidato suele estar nervioso. Nadie en una entrevista de trabajo es frío y calculador como el hielo; por tanto, si bien este apartado de la búsqueda laboral es trascendental, también se toleran o permiten más errores que en otro tipo de pruebas. Pese a todo, debemos estar perfectamente preparados para superar esta prueba.

UNA FORMACIÓN PREVIA

Ya hemos comentado en otros apartados que las cosas no deben improvisarse; por ello, cuando hemos estado organizando la búsqueda de trabajo y preparando nuestras estrategias, se supone que también nos hemos ido preparando de forma adecuada para las entrevistas.

Se da por sentado que cuando llega el momento de la entrevista ya hemos llevado a cabo un contacto telefónico con la empresa y que tenemos a nuestra disposición una serie de datos sobre ella y sobre el puesto de trabajo. Dicha información nos tiene que servir como arma para tranquilizarnos en el momento de enfrentarnos a una entrevista.

En el tiempo que nos hemos dedicado a «formarnos» debemos haber descubierto cuáles son las herramientas o medios de presentación que debemos utilizar para resultar estimulantes e interesantes a los ojos de la empresa o persona que selecciona.

Debemos saber convencer, no olvidemos que, como ya hemos comentado, estamos «vendiendo un producto: nosotros». Estimular e interesar pasará no por vender nuestras excelencias, sino por hacerle entender a la otra persona que somos lo que está buscando. Tiene que llegar a la conclusión de que le gustaría que trabajásemos para él.

GENERANDO BUENAS IMPRESIONES

Tanto si se trata de responder a una llamada del selector de personal como si el caso es llamar para concertar la cita, debemos ser, ya desde un primer momento, interesantes. La mejor forma de proceder en la comunicación telefónica es no perder el tiempo, y para ello debemos proceder a identificarnos inmediatamente y que acto seguido pasemos a comentar brevemente el motivo de la llamada. Ni qué decir tiene que deberemos mostrar amabilidad, corrección y eficacia, teniendo siempre bolígrafo y papel a mano con el fin de anotar los datos que nos faciliten.

CUANDO LLEGA EL CARA A CARA

Ha llegado el momento de la verdad. Atrás han quedado las preparaciones, los currículums, las llamadas telefónicas. Tenemos que acudir a la cita y puede que estemos nerviosos. Es normal, por lo que siempre es mejor prevenir que tener que curar sobre la marcha.

▸ El día antes de la entrevista procuraremos no trasnochar y dormir nuestras horas habituales. El descanso nos hará estar más receptivos y lúcidos para llevar a cabo cualquier tarea.

▸ Las horas previas a la entrevista debemos procurar distraernos. No hay nada peor que estar pensando durante horas sobre algo que no podemos prever. Pasear, leer un buen libro, ver un poco de televisión e incluso ir al cine, será lo mejor para apartar de nuestra mente las preocupaciones innecesarias.

▸ Debemos jugar con los márgenes que nos da el tiempo y no dejarlo todo para última hora. Si la entrevista es por la mañana procuraremos levantarnos con tiempo para asearnos, vestirnos y estar en perfecto estado de revista antes de la cita. En el caso de que la entrevista sea a primera hora de la tarde, después de comer, evitaremos que el ágape sea muy pesado y abundante, ya que podría darnos somnolencia y no estaríamos a pleno rendimiento durante el encuentro. Por supuesto no tomaremos alcohol.

▸ Si podemos tener las cosas preparadas, mucho mejor. Siempre será óptimo tener seleccionada con anterioridad la ropa que nos vamos a poner al día siguiente, así como en perfecto estado de revisión la documentación que vamos a llevar, que no encontrarnos llevando a cabo dichas acciones a última hora.

Recordemos el concepto: estamos en paro o, en caso de que no sea así, estamos buscando trabajo, por tanto no tenemos nada más importante que hacer, de manera que no hay excusa para llegar a la entrevista azorados y justos de tiempo.

Nada justifica un retraso en una cita laboral, y menos todavía si se trata de un primer contacto. Siempre será mejor acudir a las inmediaciones unos minutos antes y dejar pasar el tiempo tomando un café que aparecer excesivamente pronto o tarde.

En todo encuentro existe el denominado «tiempo de cortesía», pero debemos saber que sólo suele funcionar en una sola dirección: la puntualidad. Dicho de otro modo, nosotros podemos llegar cinco minutos antes de la hora fijada, pero no cinco minutos después. En cambio, por parte de la empresa, se puede comenzar la reunión cinco minutos después de la hora marcada, pero no antes.

Por lo que al buscador de empleo se refiere, llegar con más de cinco minutos de anticipación puede manifestar un excesivo interés que no es aconsejable demostrar a la primera de cambio.

Además de lo mencionado, llegar con demasiada anticipación puede implicar interferir de forma negativa en la buena organización de la empresa a la que se ha acudido.

SÍNTOMAS NEGATIVOS

No todas las empresas son tan serias como parecen. A veces incurren, ya desde un primer momento, en poca formalidad para con sus futuros trabajadores. Por supuesto, ello no es indicativo cuando estamos acudiendo a una empresa de selección de personal, ya que en dichos casos la empresa contratante suele ser ajena al trato que reciben sus futuros trabajadores.

Éstos son algunos de los puntos que debemos tener en consideración y que nos pueden servir para establecer un perfil de cómo puede ser la empresa para la que vamos a trabajar:

▶ La entrevista pactada se anula y no nos lo han comunicado, pese a que tenían formas de hacerlo.

▶ Se produce una anómala tardanza. Nos hemos presentado a la reunión en el momento que se había pactado y en cambio la espera se prolonga, más allá de lo normal, de forma injustificada y un tiempo excesivo.

▶ Pese a que la entrevista se ha retrasado con exceso, cuando al final nos reciben, no se nos da explicación alguna sobre el motivo de la demora.

▶ Desde la sala de espera o lugar en el que aguardemos que llegue el momento de la entrevista, debemos ver cuál es el ambiente general de trabajo y qué trato reciben los trabajadores por parte de sus superiores.

▶ Pese a que la reunión prevista era para un trabajo determinado, se nos ofrece otro similar pero diferente al que queríamos acceder o para el que veníamos preparados.

▶ Si observamos que se nos trata con excesiva prisa es evidente que el entrevistador debe tener otros candidatos con los que hablar, pero notaremos de inmediato si lo que busca es un buen trabajador o se limita a pasar un simple trámite en el que no tiene interés alguno.

LA ENTREVISTA EN SÍ

Si pese a todo lo referido las cosas van bien, es decir, somos recibidos cuando toca y estamos en un lugar en el que hay un buen ambiente, debemos estar preparados para salir airosos de la entrevista; para ello nada mejor que conocer el protocolo que suele seguirse en estos casos.

1. FASE DE RECEPCIÓN

Tiene por objeto romper el hielo y establecer un conocimiento entre las partes. El entrevistador acostumbra a recibir al candidato de pie, saludarle mediante un apretón de manos e invitarle a que se siente.

Sugerimos al respecto de esta fase que el lector analice en el capítulo destinado a los gestos y las posturas este tipo de situaciones y vea cuáles son los sistemas más correctos de proceder.

En esta fase de recepción el entrevistador sabe que el candidato puede estar nervioso o padecer cierta tensión, por lo que intentará romper el hielo con cualquier excusa, ya sea hablando del tiempo, de la espera o de cualquier otro tema banal.

En ocasiones el entrevistador no será quien nos reciba de pie, sino que nos veremos obligados a entrar en su despacho tras llamar. Este hecho no debe ser un inconveniente. Debemos actuar con prudencia y serenidad, ya que puede que forme parte de la prueba, aunque también puede deberse a que el jefe o selector de personal considera que está muy por encima de nosotros y no desea molestarse en recibirnos de otra forma.

▸ Llamaremos con un par de golpes suaves en la puerta y, acto seguido, esperaremos la indicación de entrar.

▸ Aunque la puerta esté ligeramente abierta, debemos dar un par de golpes en ella comunicando nuestra presencia.

▸ Tras escuchar que podemos pasar, procederemos a abrir ligeramente la puerta y desde el umbral saludaremos en espera de la indicación de que pasemos.

▸ Evitaremos volver a pedir permiso para entrar, sería un exceso de servilismo.

▸ Una vez dentro, cerraremos la puerta o en su defecto la dejaremos tal como la hemos encontrado.

Puede que, cuando ya estemos dentro, la persona que nos reciba esté hablando por teléfono, leyendo unos informes, tomando unas notas, etc. Si observamos que está ocupada, recordemos su posición de poder y que nosotros somos personas educadas; por tanto, esperaremos de pie sus indicaciones.

En el caso de que observemos que nuestro interlocutor está ocupado y en cambio efectúa indicación alguna sobre cuál debe ser nuestro proceder, esperaremos igualmente. La otra persona nos ha dado permiso para entrar y sabe perfectamente que estamos allí. Recordemos que puede estar evaluando nuestra paciencia y forma de reaccionar ante una espera.

▸ Mientras esperamos, procederemos a efectuar un recorrido visual por las dependencias, nos dará tranquilidad.

▸ Evitaremos que dicho recorrido visual sea excesivamente descarado con movimientos de cabeza o inclinaciones del cuerpo que delate lo que estamos haciendo.

▸ Para situarnos y mantener una prevención, es importante que observemos la mesa frente a la que nos tocará sentarnos y la disposición de las sillas.

Si la persona no está ocupada pero nos espera sentada, nos está mostrando, desde luego, un signo de mala educación, mucho más si nos saluda y estrecha la mano desde su silla. Lo normal será que se levante y nos estreche la mano procediendo a indicarnos que nos sentemos, cosa que no haremos hasta que nos lo indique de una forma clara.

2. FASE DE PRIMER CONTACTO

Si bien es cierto que podemos definir como parte del primer contacto el momento del saludo en el que se estrechan las manos, la verdad es que, más allá de la gestualidad o primera impronta visual, el primer contacto se produce con las presentaciones verbales.

Por norma general, en este primer contacto el responsable de entrevistarnos procederá a dar su nombre, cargo y ocupación, pasando acto seguido a explicarnos el tipo de actividad a la que está dedicada la empresa. De alguna forma es el representante visible de la entidad en la que después podremos trabajar. Por tanto, en sus exposiciones y gestualización ya podremos apreciar una parte de la filosofía empresarial con la que hemos entrado en contacto.

▸ En esta fase es aconsejable no interrumpir la conversación salvo para lo estrictamente necesario.

▸ Debemos prestar atención a las palabras del responsable, ya que en definitiva será quien podrá clarificarnos en qué consiste exactamente la oferta de empleo y será quien nos detallará qué se pretende de nosotros.

▸ Tenemos que hacer lo posible para que la entrevista sea activa. Una cosa es no interrumpir y otra ser tan comedidos e interrumpir tan poco que al final demos una impresión equivocada de nuestra persona.

3. FASE DE ATENCIÓN

Una vez que el entrevistador nos ha comentado todo lo referente a la empresa y al puesto de trabajo que necesitan cubrir, llegará nuestro momento. En la conversación comenzarán a aparecer preguntas. A través de la atención que el entrevistador preste a nuestras palabras, el profesional indagará más a fondo respecto a aspectos personales y laborales, realizándonos, además, preguntas que servirán para «redondear» la información.

Dicho de una forma vulgar, los responsables de las entrevistas están acostumbrados a que les «vendan historias», y por eso saben que buena parte de lo que cuentan o indican los candidatos ha sido estudiado o preparado. También saben que muchas veces las respuestas se generan en base a lo que el entrevistado piensa o cree que espera escuchar el entrevistador.

▶ Debemos ser coherentes en las entrevistas. A lo largo de la conversación perdemos la atención y es muy difícil mantener un argumento si no es real o no está perfectamente ensayado.

▶ En algunas entrevistas de selección de empleo se juega con preguntas trampa que lo que buscan es verificar, pero desde otro ángulo, una respuesta ya dada.

▶ Para responder adecuadamente a las preguntas de una entrevista, no tenemos más remedio que estudiar con detenimiento aquello que pensamos decir. En este sentido, incluimos en este mismo capítulo algunas preguntas tipo que nos pueden ser de gran utilidad.

▶ Si por cualquier motivo hemos perdido la memoria o no sabemos exactamente qué decir, en lugar de estar dando vueltas a una respuesta manifestaremos nuestro desconocimiento con absoluta sinceridad.

ALGUNOS ASPECTOS A CONSIDERAR

Existen numerosas formas de comprobar cuáles son nuestras reacciones más allá de la respuesta a un cuestionario más o menos establecido. El hecho de no recibirnos en pie y hacerlo desde la mesa de trabajo ya es de por sí una forma que nos resultará chocante, pero hay muchas otras.

A veces el entrevistador finge no haber entendido nuestras respuestas y repite las preguntas una y otra vez para ver cuál es nuestro grado de mantenimiento de la palabra. En otras ocasiones puede que se empeñe en interpretar lo que hemos comentado con un: «Entonces usted quiere decir que...». Si realmente queremos decir eso, lo afirmaremos; en caso contrario, debemos mantener la palabra que hemos dado.

Otra de las muchas técnicas es parecer ausente. El entrevistador se hace el despistado para que ganemos confianza al pensar que no está prestando suficiente atención y que, por tanto, le podemos llevar fácilmente a nuestro terreno. No debemos confiar demasiado en dichas estrategias. Siempre podemos terminar una respuesta con un «¿entiende lo que le digo?» o «¿me ha comprendido?»; ésta será una forma de decirle a la otra persona que hemos captado su ausencia.

Finalmente, no debemos dejarnos impresionar por las expresiones faciales ni gestuales del entrevistador. Algunos, cuando la distancia lo permite, recurren a un viejo truco, escribir una serie de palabras sin sentido al respecto de lo que ha dicho el entrevistado, pero en realidad no han anotado nada que sea trascendente, simplemente esperan ver nuestra reacción y observar si se produce un cambio de actitud. De igual forma, cuando se entra en temas personales, a veces el entrevistador realiza un arqueo de ceja, frunce el ceño o realiza cualquier otra postura que muestra tanto aprobación como desaprobación por lo que decimos. En estos casos lo que se busca es la franqueza, con lo que mejor será que pese a todo mantengamos nuestra postura e hilo argumental.

CUATRO PUNTOS ESENCIALES

Al margen de los puntos referidos en las entrevistas de trabajo, debemos hacer lo posible por mantener siempre la atención en cuatro apartados que veremos seguidamente y que serán en definitiva los complementos perfectos para nuestras respuestas:

1. APRENDER A ESCUCHAR

Sólo si aprendemos a escuchar y lo hacemos con atención estaremos en condiciones de dar las repuestas adecuadas. Podemos oír la pregunta, pero sólo si la escuchamos detenidamente sabremos qué nos están preguntando realmente.

En el caso de que no prestemos la debida atención, puede que nos veamos en la poco cómoda situación de tener que escuchar «no le he preguntado esto, sino que deseaba saber...».

▶ Si tras una pregunta no tenemos claro qué nos han dicho, pediremos que se nos repita la cuestión.

▶ En el caso de que tengamos dudas, siempre será mejor solicitar una aclaración de la pregunta.

▶ No debemos dejar que los silencios nos incomoden. Algunos entrevistadores juegan con la técnica del silencio y efectúan su pregunta cortando la frase a la mitad, como si estuvieran llevando a cabo una última reflexión final antes de hacer la pregunta.

▶ Tampoco debemos permitir que las preguntas circulares nos despisten de nuestros objetivos.

Hay personas que comienzan una pregunta, pero que antes de acabarla o incluso cuando ya lo han hecho, y sin esperar nuestra respuesta, efectúan un breve discurso sobre temas colaterales cuyo objetivo es que perdamos la atención de manera que al final no sabemos qué nos han preguntado.

▸ No debemos perder la atención y, si lo consideramos oportuno, podemos comenzar nuestra respuesta con un «retomando el tema y volviendo a su pregunta», o también «con respecto a la pregunta que me ha hecho inicialmente...». De esta forma demostraremos interés y capacidad de concentración.

2. BUSCAR LO CREATIVO Y POSITIVO

Por encima de todo es importante que en la entrevista demos al profesional sensación de capacidad y fortaleza. Nunca deberemos afirmar, por ejemplo, que carecemos absolutamente de experiencia en un tema concreto. Siempre será mejor decir que tenemos algunas nociones, o que es un tema que en su momento llevamos a cabo, que afirmar directamente «no tengo ni idea», salvo, por supuesto, que se trate de un tema muy intrascendente.

La creatividad es esencial en una entrevista de trabajo. Pensemos que el entrevistador a veces se aburre, especialmente en las selecciones en las que debe atender a muchas personas, y al final su gestión se convierte en una rutina.

En casos como los mencionados siempre se recordará mucho mejor a ese candidato simpático, ameno, interesante y ocurrente que a aquellos otros que fueron tediosos y aburridos. Ahora bien, no somos ni humoristas ni presentadores de un programa de entretenimiento. El hecho de ser creativo no implica que debamos pasarnos.

Cuando llegue el momento de hablar de nosotros siempre será interesante recuperar de nuestra memoria aquellos hechos que resultan singulares o interesantes y que destacan por su originalidad. Podemos recurrir incluso, pero siempre con moderación, a alguna anécdota.

Por lo que se refiere al positivismo, es otro de los aspectos que se valora en la empresa. A una empresa no le interesa alguien conflictivo o que pueda generar más problemas de los que ya hay. Se busca alguien que sea útil y competitivo, no un foco de problemas.

Evitaremos hablar de enfermedades, de problemas domésticos o personales. No hay nada peor que hacer referencia a nuestra reciente situación de separados o a los problemas que hemos tenido pintando la casa este verano, a las malas notas que sacan nuestros hijos en la escuela o el tremendo dolor que nos generó la muela del juicio la pasada semana.

Las desgracias deben quedar fuera, puesto que, pese a no ser hechos terribles, si al contarlos ponemos demasiado énfasis o interés, podríamos dar la imagen de que en cualquier momento pondremos nuestra vida privada por encima de cualquier otra consideración, y aunque llegue a ser así, no nos interesa que se sepa.

Este aspecto de positivismo debe incorporarse también al hablar de nuestros anteriores trabajos. Evitaremos hablar mal de antiguos compañeros o jefes, así como de la política vivida en la empresa anterior.

▶ Antes de acudir a la entrevista debemos entrenarnos sobre las respuestas que daremos al respecto de nuestro anterior trabajo. No debemos titubear a la hora de explicar que no se nos renovó el contrato o que hubo un desacuerdo entre la empresa y nosotros. Debemos mantener la firmeza en todo momento.

▶ También antes de la entrevista debemos hacer una lista mental de aquellos temas en los que no debemos entrar; así evitaremos caer en peligrosas trampas.

3. EL ARTE DE SER BREVE

De igual forma que podemos perdernos si el entrevistador efectúa preguntas demasiado largas o tan argumentadas que no sabemos adónde nos van a conducir, también puede perderse él con nuestras respuestas.

Debemos aprender a contestar con brevedad, haciendo hincapié o alargando nuestro discurso sólo en aquellos puntos que sean estrictamente necesarios o muy interesantes.

La brevedad no implica ser esquemáticos o telegráficos, recordemos que tenemos que ser agradables y de verbo y argumento atractivo a los ojos de la empresa y del entrevistador.

DIFERENTES TIPOS DE ENTREVISTAS

Como es lógico, cada empresa tiene sus propias formas y fórmulas para elegir a los aspirantes que en el futuro van a ocupar un puesto de trabajo. En el caso importantísimo del primer contacto físico, es decir, la entrevista con el interesado, ésta estará sujeta a condicionantes como la idiosincrasia de la empresa, sus recursos, el tipo y la categoría de la plaza que tengan vacante, el tiempo de que disponga o el personal que destine para esta labor.

Pese a lo dicho, veamos seguidamente algunos datos que debemos tener muy presentes de cara a enfrentarnos a una entrevista:

A. Entrevista Individual

Se caracteriza por ser un «uno contra uno», y es una de las modalidades más frecuentes. La persona que lleva a cabo la entrevista es la única responsable de llevar adelante el trámite; sin embargo, ello no quiere decir que posteriormente no facilite los resultados que ha obtenido a un gabinete de expertos para que formalicen análisis posteriores.

Durante la entrevista pueden llevarse a cabo «inocentes pruebas» de carácter grafológico o incluso psicológico que posteriormente se encargarán de analizar los expertos en cada materia.

B. Entrevista múltiple

En este caso nos tocará ser atendidos «compartiendo examen» con varias personas más. Por norma general se trata de un tipo de entrevista que acostumbra a realizarse para cubrir puestos de trabajo en donde son necesarias prioritariamente las habilidades sociales. En este tipo de entrevista intervienen un entrevistador y varios candidatos.

No es de extrañar que en este tipo de entrevistas el examinador o entrevistador proponga un tema de índole general o vinculado de alguna manera con la empresa y sugiera que sea debatido por los allí congregados. Cuando se realizan estas actividades, el entrevistador pasa a ser un mero espectador, con lo que habitualmente no participa de las conversaciones.

En las entrevistas múltiples se busca una observación individual del funcionamiento de una persona vinculada al grupo. De esta forma se pretende determinar quién es el líder, quién el negociador, quién pierde antes los nervios, quién muestra intransigencia o qué persona parece estar más ausente de todas y, por tanto, resulta más introvertida.

C. Entrevista comité

Es aquella que sucede cuando una persona es entrevistada por varias a la vez. Este tipo de entrevista suele llevarse a cabo cuando es necesario cubrir una plaza de responsabilidad. Por norma general, las personas que participan en estas entrevistas suelen ser un jefe de personal, un psicólogo y el responsable del departamento más relevante.

1. Modalidad dirigida

Se trata de una entrevista bastante fría y calculada en la que el entrevistador suele ceñirse a un cuestionario cerrado de preguntas directas. El inconveniente es que dada su estructura esta entrevista no permite profundizar demasiado sobre el candidato.

Una de las ventajas de estas entrevistas es que no caben las sorpresas, ya que al no profundizarse en las preguntas o respuestas, lo respondido no suele ser debatido. Otra de las ventajas es que resultan más cortas.

Por lo que a desventajas se refiere, la modalidad dirigida puede resultar un problema si no somos muy claros o concisos, ya que difícilmente tendremos una segunda pregunta para clarificar argumentos o intenciones.

2. Modalidad abierta

No debemos caer en el error de creer que se trata de una entrevista del tipo festivo en la que vale todo. Es cierto que en la modalidad abierta se juega más con la intuición y la creatividad, así como con la capacidad de improvisación de las partes, pero no nos engañemos, hay un guión prefijado que oportunamente se salta.

La gran ventaja de este tipo de entrevista es que el entrevistado suele sentirse más cómodo y puede ofrecer las respuestas sin tanta presión y con la sensación de relax.

Otra de las ventajas de esta modalidad es que podemos rectificar, dar nuevos puntos de vista sobre lo referido y apoyarnos con argumentos complementarios.

Como desventaja, destacaremos que es una modalidad poco segura para las personas muy introvertidas y tímidas, que tendrán que hacer un esfuerzo adicional por mantener una conversación y un encuentro más largo que en la modalidad dirigida.

3. Modalidad semidirigida

Es una mezcla de las dos anteriores y es quizá la que más se utiliza. Por lo general, la parte más dirigida se centra en el aspecto académico y profesional del candidato, mientras que se usa la técnica de la improvisación para aspectos más personales.

ESAS PREGUNTAS TAN INTERESANTES

Es evidente que cada empresa se ajustará a una serie de parámetros para llevar a cabo sus entrevistas de selección de personal, resultando, por tanto, muy complejo saber qué nos van a preguntar en cada una de las entrevistas.

Deseamos que el lector tenga tanta suerte que no le sean necesarias muchas entrevistas para encontrar el trabajo que merece; pese a todo, aconsejamos preparar las entrevistas, y la mejor manera de hacerlo puede ser escenificándolas.

Para preparar esta fase será más que suficiente que nos sentemos frente a una grabadora con un listado de preguntas y que las vayamos respondiendo. Después debemos escuchar el resultado, para así observar en qué fallamos o en qué apartados hemos sido menos concisos.

Destacamos seguidamente algunos de los sectores que suelen abordarse en las entrevistas de trabajo, así como algunas de las muchas preguntas que nos pueden hacer.

1. NIVEL PERSONAL

Esta batería de preguntas tiene por objeto valorar nuestra personalidad, abundando en apartados como el carácter, tipo de pensamiento, filosofía laboral, etc. Se nos puede preguntar, entre otras cosas: cuál ha sido la etapa más importante de nuestra vida; qué hechos o personas han marcado nuestra personalidad; cuáles son nuestros objetivos vitales a corto, medio y largo plazo. Y otros temas como:

▶ ¿Cuáles cree que son los principales problemas sociales y políticos de nuestro país? ¿Cree que tienen solución? ¿Cuál sería, según su juicio, la mejor?

▶ ¿Qué considera injusto y cuáles son los motivos que tiene para ello? ¿Ha padecido usted injusticias? ¿De qué manera resolvió el problema?

▶ Más allá del puro tema académico y de la titulación que usted tiene, ¿en qué le gustaría trabajar? ¿Qué carrera le habría gustado estudiar? ¿Por qué no lo hizo? ¿Cuál es la profesión que menos le gusta?

▶ ¿Cómo definiría usted qué es un trabajo perfecto? ¿Y una empresa perfecta? ¿Cree usted que en nuestra empresa podrá encontrar su trabajo perfecto?

▶ ¿Qué hace en su tiempo libre? ¿Qué tipo de actividades nota a faltar mientras trabaja? Indíqueme tres o cuatro aficiones.

▸ ¿Le gusta hacer vacaciones o pasados unos días se aburre? ¿Cómo vive sus vacaciones? ¿Qué hace? ¿Viaja? Detálleme someramente sus últimas vacaciones.

2. NIVEL ACADÉMICO

Las preguntas de este bloque tienen por objeto verificar nuestro currículum y abundar más en él de forma que el entrevistador entienda cómo se ha desarrollado nuestra trayectoria académica y qué tipo de estudiante fuimos.

Se nos puede preguntar por aquellos datos que aparecen en el currículum e incluso indicarnos que hagamos un resumen del sector académico, por nuestras motivaciones y preferencias, por las asignaturas que más nos gustaban o destacábamos y por otros aspectos como los siguientes:

▸ ¿Cree usted que los conocimientos adquiridos le han resultado de utilidad? ¿En qué apartados de su vida?

▸ ¿Cómo era su vida de estudiante? ¿Copiaba en los exámenes? ¿Hacía los deberes y trabajos académicos con puntualidad y total corrección?

▸ ¿Faltaba a clases por motivos injustificados? ¿En qué áreas?

▸ ¿Qué tipo de proyectos tenía usted cuando terminó de estudiar? ¿Los ha visto cumplidos? En caso afirmativo indíqueme cómo los consiguió y, en caso negativo, qué le motivó a no realizarlos.

▸ ¿Cree usted en la formación continua? ¿Ha estudiado temas complementarios tras finalizar su ciclo formativo? ¿Si pudiese volver atrás, llevaría a cabo el mismo tipo de estudios?

- ¿Piensa que quien no ha estudiado puede encontrar un buen trabajo? ¿Qué opina de aquellas personas que abandonaron sus estudios para dedicarse a un trabajo que les gustaba más que aquello para lo que se formaban?

3. NIVEL INTENCIONAL

Tiene por objeto determinar cómo es la persona con respecto a sus objetivos y de qué manera es capaz de luchar por ellos, ya sea dentro del terreno de lo académico o de lo laboral.

Este tipo de preguntas buscan determinar cuáles son las inquietudes principales del aspirante. Entre otras, podemos ver que tenemos que responder a cuestiones como de qué forma se costearon nuestros estudios o, si fuimos los responsables del pago, cómo se llevó a cabo éste; qué actividades extraacadémicas llevamos a cabo mientras desarrollábamos nuestros estudios y otras preguntas como las siguientes:

- ¿Está siguiendo algún tipo de formación o curso en la actualidad? ¿De qué tipo?

- ¿Cuáles son las motivaciones que le llevan a estudiar?

- ¿Ha trabajado usted en varias ocupaciones a la vez? ¿Qué motivos tenía para ello?

- ¿Qué tipo de estudios o formación sigue en la actualidad?

- Cuando se plantea un objetivo, ¿hasta qué punto está dispuesto a luchar para conseguirlo?

- ¿Se ha sentido fracasado alguna vez? ¿En qué?

▸ Al margen de trabajar, ¿qué le gustaría hacer en este momento? ¿Qué objetivos, al margen de los económicos, le han motivado para llegar a nosotros?

▸ ¿Lucharía usted por un ascenso o por promocionarse dentro de la empresa? ¿Cuáles serían sus principales estrategias?

4. NIVEL LABORAL

Las baterías de preguntas de este bloque se suelen centrar, en su mayoría, en todo lo relativo a la experiencia laboral, ya sea para remontarse a nuestro primer o último empleo, como para abordar el desarrollo de otros de tipo intermedio.

El entrevistador nos hará preguntas alusivas a las empresas en las que hemos trabajado, las funciones que cumplíamos en ellas, las responsabilidades que hemos desempeñado de forma exitosa y aquellas otras en las que creemos que hemos podido fracasar o no estar a la altura. Algunas preguntas que se nos pueden hacer son:

▸ ¿De qué manera logró usted acceder para ocupar el puesto de trabajo en la empresa anterior?

▸ ¿Cuáles han sido las principales adversidades o dificultades con las que se ha encontrado a lo largo de su vida laboral?

▸ ¿Hay algún trabajo del pasado que recuerde con añoranza? ¿Por qué lo dejó?

▸ ¿Qué representó para usted la finalización de aquel trabajo?

▸ ¿Qué valores destacaría de usted que considere pueden ser interesantes o relevantes para nuestra empresa?

▸ ¿Cuál es su arquetipo de superior ideal? Detálleme en cuatro o cinco palabras cómo cree que debería ser un buen jefe o superior para que se entendiese bien con usted.

▸ ¿Cómo ve su futuro profesional? ¿Cree usted que tiene un futuro esperanzador?

▸ ¿Piensa que le tocará luchar mucho hasta que le llegue el momento de obtener la jubilación?

5. NIVEL DE AUTOVALORACIÓN

En este bloque se persigue que el candidato se defina todavía más al respecto de su persona, capacidades y carácter. Tiene por finalidad ver cuáles son los objetivos reales que tiene para hacerse con el trabajo y se valora también su grado de sinceridad, modestia y convicción personal.

Las preguntas de este bloque suelen ir dirigidas a que el candidato hable de sí mismo; para ello se le preguntará su opinión respecto de la empresa, del tipo de trabajo que le están ofreciendo, de los horarios, etc. También se le pedirá que se autovalore y que con la información que ya dispone respecto del puesto de trabajo, pueda destacar sus capacidades. Encontraremos preguntas como éstas:

▸ ¿Cree que por su talante, carácter y forma de enfocar la vida, éste puede ser un buen trabajo para usted?

▸ Sinceramente, si estuviera en mi lugar, ¿contrataría a una persona como usted? En caso de hacerlo, ¿qué advertencia cree que debería hacerle? ¿En qué puntos piensa que se le debería formar expresamente?

▸ ¿Cuáles cree que son las mejores cualidades que tiene para llevar a cabo el trabajo que le ofrecemos? ¿En qué cosas piensa que podría no estar a la altura?

▸ ¿Qué opina del puesto que le estamos ofreciendo? ¿Cómo lo valora a medio o largo plazo?

6. NIVEL ECONÓMICO Y DEDICACIÓN

Entramos de lleno en los dos apartados que pueden resultar más peliagudos y que siempre son complejos a la hora de responder. Es evidente que en la mayoría de los casos ya sabremos cuál es el sueldo que nos ofrecen por el trabajo, pero puede que todavía queden algunas lagunas o pormenores al respecto.

Otro aspecto a destacar es la dedicación a la empresa. Es cierto que habremos leído en el anuncio u oferta de trabajo algunos datos relativos al horario laboral, pero debemos estar dispuestos a escuchar cosas como: ¿Qué le parece el horario? ¿Cree que podrá cumplirlo sin problema alguno? ¿Nuestro horario le puede suponer algún tipo de contratiempo familiar, doméstico o académico? Veamos algunas de las preguntas tipo de este nivel del cuestionario:

▸ ¿Tiene alguna objeción de que hablemos de su último trabajo en términos económicos? ¿Cuánto cobraba?

▸ Indíqueme con claridad si estaba usted «conforme» o «contento» con lo que percibía en la otra empresa.

▸ Sinceramente, ¿qué le parece nuestra oferta?

▸ ¿Cree que podría mejorarse? ¿En qué sentido o con qué contraprestaciones?

▶ Indíqueme cuáles son sus aspiraciones actuales a nivel laboral y cuál es el sueldo mínimo por el que estaría dispuesto a trabajar.

▶ ¿Le importa que hablemos de sus relaciones familiares y de pareja? ¿Cómo va todo? ¿Tiene usted hijos o deseos de tenerlos?

▶ ¿Qué autovaloración tiene de sí mismo como pareja, hijo, trabajador, jefe?

▶ ¿Qué tal se encuentra de salud? ¿Cuál fue el motivo de su última baja laboral? ¿Padece estrés? ¿Cree que conoce adecuadamente sus emociones?

LAS PEORES PREGUNTAS

Si bien es cierto que algunas de las preguntas que hemos ido viendo anteriormente pueden suponer más de un momento incómodo, no queremos que el lector tenga la impresión de que cuando acuda a una entrevista de trabajo va a tener que pasar un interrogatorio al más puro estilo de las películas del cine negro, pero sería un error pensar que todo va a ser tan fácil como hablar con unos amigos de confianza tomando unas cañas.

La verdad es que la mayoría de las preguntas tienen por objeto ver cuáles son nuestras capacidades laborales, pero otras son para ver cómo reaccionamos y conocer nuestra personalidad. Veamos algunas cuestiones para las que debemos estar especialmente preparados.

▶ Las claves para todas las preguntas es que las respuestas deben emitirse con serenidad, sinceridad y sin dejar mucho espacio (mejor nada) a la improvisación.

▸ Ante preguntas del tipo «cuénteme algo de usted», debemos actuar con frialdad. El entrevistador ya posee nuestro currículum, por lo que debemos ser breves pero jamás cortantes. Dejaremos la puerta abierta para que se nos pida ampliación en los puntos que la otra persona considere más relevantes. ·

▸ Frente a preguntas como las mencionadas, evitaremos respuestas del tipo «¿sobre qué quiere que le hable?» o «no sé muy bien por dónde empezar». Lo mejor es ceñirnos al currículum.

▸ Si la pregunta es relativa a nuestras capacidades para ocupar el puesto, debemos dejar de lado la soberbia y limitarnos a responder que consideramos que nuestros conocimientos y experiencia son los que más se ajustan con el perfil requerido.

▸ Delante de la pregunta del motivo que nos lleva a trabajar con ellos, debemos valorar por encima de todo el prestigio de la empresa o el interés que tenemos por el sector que ocupa. También podemos recurrir a argumentos del tipo «superación personal» y el aprendizaje que nos brinda dicha empresa.

▸ Si la cuestión se centra en los motivos económicos y las expectativas, lo mejor será estar informados del sueldo medio que suele percibirse por el puesto de trabajo requerido. Debemos hacer hincapié en nuestro interés por las oportunidades profesionales que nos pueda brindar el trabajo y, al tiempo, manifestar nuestra seguridad de que el salario ofrecido estará acorde con nuestra aportación y responsabilidades.

▸ Respecto de preguntas del tipo puntos débiles o valores a destacar, debemos saber que los entrevistadores están bastante acostumbrados a escuchar «tengo mucha voluntad y abnegación»,

SÍNTOMAS DEL FRACASO

Éstos son, a grandes rasgos, diez puntos que nos pueden hacer fallar en una entrevista de trabajo:

1. Impuntualidad, imagen inadecuada para el puesto de trabajo.

2. Carecer de la preparación intelectual y humana precisa.

3. Tener dificultades de expresión y no ser conciso y claro en las respuestas o dar la impresión de estar inventando respuestas.

4. Llegar a la entrevista dejando un margen excesivo a la improvisación, es decir, no tener las fechas ni los nombres claros de los estudios y empresas en las que hemos colaborado.

5. Ser incapaces de justificar nuestro currículum.

6. Tener desconocimiento del sector comercial o empresarial en el que pretendemos trabajar.

7. Mostrarnos un tanto agresivos, arrogantes o excesivamente seguros de nosotros mismos, mostrando un cierto desinterés hacia la compañía.

8. Ser inflexibles en nuestras opiniones y poco adaptables con las necesidades y situación particular de la empresa.

9. Manifestarnos con parquedad, ser tímidos, responder con monosílabos o no mirar directamente a los ojos del interlocutor.

10. Ser superficiales en nuestros comentarios e insustanciales en los juicios de valor que podamos emitir.

«soy perfeccionista y escrupuloso». Lo mejor es ser sinceros y no caer en los tópicos.

▶ Si observamos que nuestro escaso currículum académico parece tener un cierto peso negativo, contrarrestaremos las carencias con nuestro interés por aprender y con el valor de nuestra experiencia.

▶ En el caso de poseer poca experiencia, debemos hacer énfasis en nuestro deseos de aportar nuestros estudios, conocimientos e ideas a la empresa.

RUEGOS Y PREGUNTAS

Lo peor que podemos hacer es interrumpir constantemente al entrevistador con preguntas. Ello podría ser una muestra de nuestra falta de atención o incluso incapacidad de manejar la información, pero eso no quiere decir que no podamos hacer algunas preguntas, por otra parte lógicas y perfectamente entendibles. Éstas son algunas de las cosas que podemos preguntar sin ningún tipo de problema, cualquiera que sea el caso en el que nos encontremos:

a. Exactamente cuál sería el cargo y las funciones y responsabilidades que conlleva. Cuáles son las exigencias de movilidad, dedicación y horarios.

b. Si nuestro trabajo sería autónomo o formaríamos parte de un equipo y, en este caso, con cuántos componentes contaría.

c. Cuántas personas tendríamos por encima de nosotros y cuántas a nuestro cargo.

d. Qué futuro y posibilidades de promoción tenemos.

e. Cuál es el plazo en que prevén que finalizará la selección y cuál es la fecha que tienen prevista para cubrir el puesto.

06

LOS MENSAJES DEL CUERPO

El dominio de los gestos, saber qué debemos hacer o evitar en un momento determinado, nos puede abrir o cerrar las puertas al mundo laboral casi tanto como un currículum.

La tensión de una entrevista de trabajo, los nervios escénicos y el temor a no lograr los objetivos pueden quedar traducidos en gesticulaciones que, lejos de ayudarnos, lucharán en contra de un nuevo puesto laboral.

Según Juan Dalmau, psicólogo, «en las selecciones de personal los gestos nos ayudan a conocer mucho mejor el perfil del candidato. Los nervios, el ansia y la preeminencia por el puesto ofertado quedan a la luz en cuestión de pocos minutos».

LA IMPORTANCIA DEL ENCUENTRO

En una entrevista de trabajo resulta esencial la entrada, ya que nuestra forma de acceder al recinto en que se realice la prueba, además de dar información sobre el nivel educativo y social que tenemos, dará pistas de cómo nos sentimos en ese momento. Veamos algunos aspectos a considerar.

▶ Evitaremos entrar en la sala efectuando inclinaciones de cabeza o espalda, puede dar la impresión de que estamos pidiendo perdón por algo que ni siquiera hemos hecho.

▶ Debemos eliminar toda clase de servilismo.

▶ El primer paso de un encuentro siempre debe ser estrechar la mano del interlocutor, y ello implicará una posición de firmeza, serenidad y seguridad en uno mismo.

▶ Un correcto saludo deberá acompañarse de la presentación verbal, indicando nuestro nombre y apellido, mientras observamos que nuestros hombros estén lo más horizontales que sea posible, ya que muestra seguridad en quiénes somos.

APRENDIENDO A SALUDAR

Es cierto que todos creemos saber saludar. Todos lo hacemos de una forma más o menos normal y educada, pero con un poco de entrenamiento podemos lograr hacerlo de manera que causemos una buena impresión en los demás, consiguiendo, incluso, que no parezca una acción forzada.

Veamos cómo proceder:

1. Antes de alargar la mano miraremos a los ojos del interlocutor con una sonrisa franca, pero sin abrir los labios. De esta forma estaremos demostrando confianza en su persona.

2. Alargaremos el brazo, buscando el encuentro con la mano de la otra persona sin efectuar inclinación alguna, ya que hacerlo resultaría una muestra un tanto sospechosa de sumisión.

3. Daremos siempre la mano en posición vertical, efectuando un apretón consistente pero no excesivamente fuerte y sin dejar de mirar al interlocutor.

Debemos tener presente que apretar es signo de violencia y petulancia. Por el contrario, estrechar la mano de forma extremadamente floja manifiesta poca seguridad y desconfianza en uno mismo e incluso una excesiva introversión.

4. Observaremos en qué posición se ha colocado la mano la otra persona cuando nos la ha ofrecido; ello nos dará mucha información de cómo es. La forma en que nos la ofrece representa lo que esperan que sepamos.

5. Tras el apretón, no retiraremos la mano de forma brusca, denotaría incomodidad.

El gesto de saludarnos dándonos las manos es un signo de evolución humana que pretende decir «no llevo armas, no voy a hacerte daño», por eso entregamos la mano vacía y siempre la derecha, que es la que habitualmente manejaba el arma y por tanto era la violenta.

En la actualidad, la mano es nuestra herramienta y nuestra arma; por tanto, el saludo o el apretón de manos se convierte no ya en un acto social o educativo, sino que al tiempo es nuestra tarjeta de presentación, de manera que además de saludar estamos diciendo que somos amistosos.

LAS MUCHAS FORMAS DE DAR LA MANO

Imaginemos la siguiente situación: hemos acudido a una selección de personal y estamos en ese preciso momento en que aparece por la puerta el responsable de recursos humanos para entrevistarnos. Puede que pretendamos un puesto ejecutivo o quizá subordinado.

Según sea el caso, debemos empezar por ajustar la forma que tenemos que dar la mano, para al tiempo ajustarnos a las exigencias del guión:

▸ Extender la mano con la palma hacia arriba muestra sumisión, reverencia, pero también puede suponer poca iniciativa y exceso de subordinación.

▸ Extender la mano con la palma hacia abajo muestra las pretensiones de someter a los demás y un carácter soberbio, poco dialogante, prepotente y nada indulgente.

▸ Dar la mano de forma resbaladiza indica apatía, inseguridad, timidez y un complejo mundo interior, pero también una gran sensibilidad y creatividad.

▸ Cuando al dar la mano, con la otra se enguanta la de quien tenemos delante, pretendemos someterlo y tomar posesión de él. Ésta es una acción que debemos evitar a toda costa en una entrevista de trabajo.

▸ Si al dar la mano, con la otra tomamos el codo del interlocutor, no sólo le estamos poseyendo, además le queremos decir que debe hacer todo cuanto le digamos o pensemos. Ésta es pues una posición manual que deberíamos dejar de lado.

▶ Si alguien nos ofrece su mano con la palma bocabajo, como queriendo someternos, y tras tomarla en el saludo la giramos para que la posición quede invertida, estamos manifestando un gran espíritu de lucha. Estamos diciendo que no somos una persona fácil de doblegar y que no aceptaremos una imposición o mandato sin un razonamiento.

EL SALUDO TRAMPA

Si un entrevistador laboral nos ofrece su mano con la palma orientada hacia arriba, no debemos caer en la trampa de mantenerla así en el saludo. No sabemos si la persona siempre saluda así o si pretende ver si de una forma inconsciente somos personas dominantes.

Cuando se produzca un hecho como el referido, al estrechar la mano, procuraremos efectuar un giro de noventa grados para que ambas manos queden en posición vertical. De esta manera estaremos indicando que somos una persona solidaria y equilibrada, perfecta para trabajar en equipo, y que haremos lo posible por ayudar a los demás cuando tengan un problema. El giro indica que no deseamos que nadie se someta a nuestra persona. Al tiempo, es una acción que denota capacidades de líder.

LOS GESTOS DEL DIÁLOGO

Es cierto que la etapa del saludo es una de las más costosas dentro de lo que sería todo el proceso de la entrevista laboral. Pero tras ella no debemos bajar la guardia.

Ciertamente, estaremos más cómodos, puesto que se habrá roto el hielo inicial; sin embargo, nuestros gestos, la forma de mantener la conversación y todo aquello que expresemos puede seguir siendo observado. Veamos pues de qué manera podemos salir airosos, gestualmente hablando, de la entrevista.

De entrada debemos saber que si en una entrevista de trabajo queremos causar buena impresión a los interlocutores, tenemos que intentar practicar la «conversación activa», mostrando a través de nuestra mirada, gestos y posturas que estamos interesados en lo que la otra u otras personas nos están diciendo. Conviene saber que, durante una conversación, desviar la mirada justo antes de empezar a hablar indica que lo que vamos a decir es fruto de una reflexión meditada, mientras que mirar a derecha e izquierda cuando nos hablan suele ser una demostración de desinterés. Pero vayamos paso a paso.

1. Cuando nos sentemos, lo haremos en una posición cómoda que nos permita gesticular libremente pero sin llegar a la exageración. En ocasiones, por querer mantener una posición demasiado rígida, tenemos problemas para gesticular o expresarnos de una forma fluida.

2. Mantendremos la mirada en nuestros interlocutores, aunque evitaremos clavar nuestros ojos en los suyos, ya que se podrían sentir intimidados y resultaríamos amenazadores.

3. Al expresarnos recorreremos el rostro de la otra persona haciendo que nuestros ojos vayan de sus cejas al mentón. De esta forma le daremos confianza y no se sentirá tan agredido como si le «clavásemos los ojos» en una única zona.

4. De cuando en cuando debemos efectuar ligeros movimientos afirmativos con la cabeza para ganar confianza y transmitir que estamos atentos e interesados por lo que nos están diciendo.

> **LA OPINIÓN DEL EXPERTO**
>
> «No mirar a los ojos del interlocutor, cruzarse de brazos reiteradamente, agitar el pie o dar la mano con la palma hacia abajo, son signos de que la persona no es un buen candidato. Con estos simples elementos sabemos que es alguien nervioso, que puede carecer de sinceridad u honestidad y que en determinadas situaciones, como lo refleja su forma de dar la mano, no sabrá estar a la altura de las circunstancias; es más, no servirá para el diálogo subordinado.».
>
> Ignacio Gómez
> Experto en comunicación no verbal

Pero debemos moderarnos, ya que asentir repetidamente mientras escuchamos puede significar que entendemos y estamos de acuerdo, pero también que estamos ansiosos de que nuestro interlocutor acabe lo antes posible para responderle.

5. Una forma de reflejar más interés todavía será escuchar situando los dedos pulgar, índice y corazón en el mentón. Eso sí, debemos moderarnos en el uso de este gesto y emplearlo sólo cuando creamos que el contenido de la conversación lo merece.

6. Si la reunión es ante una mesa y decidimos apoyar las manos sobre ella, procuraremos no hacerlo con las palmas, pues mostraríamos falta de dominio sobre nuestra persona.

La mejor forma de apoyar las manos sobre la mesa, mientras estamos manteniendo un diálogo, es hacerlo entrelazando los dedos y procurando que ninguno de ellos sobresalga del resto. En caso de hacerlo, además de incomodidad y sensación de pérdida de tiempo, con dicho gesto podríamos estar diciendo «me gustaría mandar a mí», mucho más si los dedos que se prolongan son ambos índices.

HABLANDO DE NOSOTROS

Llegará un momento en la entrevista en que nos tocará hablar de nosotros. Recibiremos indicaciones del tipo: «hábleme de usted», «¿cuáles son sus hobbies?» y un largo etcétera para el que debemos estar preparados.

Curiosamente, una gran mayoría de candidatos leen con cierta frecuencia, ven programas educativos de televisión y tienen aficiones muy sanas cuando se les pide que detallen claramente sus hobbies e intereses.

Muchas de las personas que intentan acceder a un puesto de trabajo acuden a la reunión de selección con el guión aprendido y los selectores de personal lo saben. Debemos pues llevar un cierto cuidado a la hora de aprendernos ciertos guiones, ya que nuestros gestos o posturas pueden demostrar que una cosa es lo que decimos y otra bien distinta lo que hacemos de verdad. Veamos algunas cosas que debemos tener en consideración:

▸ Ante indicaciones del tipo «hábleme de usted», o determinado tipo de preguntas que entronquen con el terreno de lo personal o privado, procuraremos no inclinarnos hacia atrás al escucharlas, ya que sería un signo de rechazo.

▸ Es evidente que partimos de la base que todo tipo de cuestión, requerimiento o pregunta siempre se inscribirá dentro de una corrección y educación, por tanto responderemos con normalidad, procurando no bajar la mirada ni inclinar la cabeza, sino efectuar un gesto que indique que estamos pensando o reflexionando sobre la cuestión. Efectuar una aseveración mientras nos tocamos como por impulso la nariz, indicará que estamos mintiendo.

▶ En las conversaciones, un signo de extraversión es mostrar las palmas de las manos cuando nuestros brazos oscilan en el aire. Dicho tipo de acción será una forma de mostrar que no tenemos ningún problema en explicar nuestra vivencia y compartirla con los demás.

▶ Debemos procurar controlar las manos y evitar que, al hacer afirmaciones muy personales, rocemos sin querer la nariz, tocarnos el lóbulo de la oreja o apoyar la mano sobre la nuca, aunque sea de forma leve, ya que son tres de los lugares donde, según los estudios de comunicación no verbal, se esconde la mentira.

▶ Cuando debamos enfrentarnos a una pregunta sobre nuestro pasado, del tipo cuál es el último libro que hemos leído, qué hicimos el pasado verano, qué pensamos de una crisis mundial determinada, etc., debemos ser comedidos. De entrada el entrevistador pretende ver si estamos al día, si poseemos información social y cultural de ámbitos generales y también quiere saber qué hacemos fuera del trabajo. Lo mejor en estos casos es ser sinceros, aunque con moderación. Evitaremos cruzarnos de brazos y titubear.

▶ Si no tenemos una respuesta, ya sea porque ni hemos leído ni hemos ido a espectáculo alguno y tampoco hemos hecho vacaciones, puestos a mentir, mejor tenerlo preparado. Siempre será más oportuno referirnos a un libro que leímos hace años o a una película cualquiera, aunque sea diciendo que todo ello es reciente, que improvisar. Daremos más fuerza a nuestras palabras si justo antes de pronunciarlas elevamos ligeramente la vista hacia arriba y a la izquierda, ya que indicará que estamos recordando una vivencia.

▶ Si en la entrevista queremos dar muestras de sinceridad, debemos tener las manos a la vista del interlocutor, nuestra mirada elevada y orientada a su persona, y acompañar todo ello con frases del tipo «personalmente...», «me parece...», «creo que...», apoyando ligeramente las yemas de los dedos de la mano derecha sobre el pecho antes de hablar.

LOS GESTOS Y LAS PRUEBAS ESCRITAS
No conviene exagerar, los selectores de personal nos están pasando un escáner minuto a minuto a medida que nos movemos en la silla; sin embargo, en cualquier momento podemos efectuar una postura que sea detectable, incluso cuando rellenamos un formulario, una prueba escrita, etc.

La postura que adoptamos al escribir, la forma de tomar un papel con la mano e incluso los juegos que hacemos con un bolígrafo dicen mucho de nuestra capacidad para involucrarnos en lo que hacemos y en la soltura que tenemos. Veamos algunos ejemplos muy interesantes:

▶ Cuando nos entreguen un cuestionario o informe que debamos leer, lo recogeremos siempre con la mano derecha, que es la de la reflexión, mientras que la izquierda determina la improvisación. La mano derecha está regida por el hemisferio izquierdo que gobierna lo histórico, matemático, cartesiano y tangible, mientras que el hemisferio derecho, que rige la otra mano, gobierna lo espacial, creativo, intuitivo y la improvisación.

▶ Evitaremos coger las hojas con ambas manos y mucho menos leerlas de esta forma, ya que mostramos inseguridad.

▶ Procuraremos mantener el papel a unos 40 o 50 centímetros de los ojos, la distancia prudencial de seguridad y certeza de saber qué se está haciendo. Menos distancia, más allá de un problema de visión, reflejaría falta de confianza y más bien podría suponer cierto desinterés.

▶ A la hora de escribir no lo haremos inclinándonos sobre la mesa, ya que manifestaríamos introversión y sentido dubitativo, por no decir inseguridad. Si queremos mostrar nuestra capacidad de trabajo y responsabilidad, debemos escribir con soltura, manteniendo la espalda recta y esbozando una mirada de interés, no

¿NOS VIGILAN O NOS ESTUDIAN?

Además de los tests psicotécnicos, del estudio grafológico y del psicológico, el test de CNV (comunicación no verbal) tiene cada vez más presencia en el mundo laboral: «Sometemos a nuestros candidatos a un exhaustivo estudio gestual. Tiene la ventaja de que carece de violencia, pues la persona no sospecha nada y le resulta más gratificante que pasar una prueba de aptitud. Sólo tiene que hablar o escuchar, y debemos recordar que el asiduo buscador de trabajo ya se conoce las respuestas que se esperan de él. Nosotros no sólo analizamos qué dice, sino cómo y qué hace cuando pronuncia sus palabras o escucha las nuestras.».

José Frías
Jefe de personal de Ciutadella Sinergia de Estructura, S.L.

de preocupación. Debemos controlar las cejas. Cuando nos preocupamos tendemos a encogerlas, mientras que al sorprendernos las arqueamos hacia arriba.

▶ Si se trata de una prueba escrita y hay algo del cuestionario que no sabemos cómo responder, evitaremos soplar y repiquetear con el bolígrafo sobre la mesa. Siempre será mejor ganar tiempo mostrando un ademán de reflexión apoyando ligeramente el pulgar bajo la barbilla y manteniendo el resto de los dedos doblados.

SOBRE LA NEGOCIACIÓN

Sin lugar a dudas, si la entrevista ha ido bien, si nos hemos expresado con claridad y hemos superado las pruebas, lo que no puede ser es que nuestros gestos delaten aquello que no queremos que se sepa o que no muestra en verdad lo que somos.

Es evidente que nadie o casi nadie va a perder un empleo por su conducta gestual, pero si hay dudas sobre su posible contratación, todo influye. Tan importante es presentarnos y hacer la entrevista como establecer una negociación:

▶ Llegará un momento, no necesariamente en una primera entrevista, en que aparecerá el tema que mueve el mundo: el dinero. Cuando nos pregunten qué cantidad deseamos cobrar, es decir, nuestras pretensiones de sueldo, puede que nos sintamos incómodos y acalorados e, incluso sin querer, hagamos un gesto muy nefasto: mordernos los labios. Morder el inferior es tanto como mostrar que nos parece poco lo ofrecido. Morder el superior tras indicar la cantidad manifiesta que se desea y que la cantidad puede estar por encima de lo que cobrábamos hasta el momento.

▸ Si algo en la negociación no nos parece correcto o adecuado, es mejor indicarlo verbalmente y sin tapujos, aunque con prudencia y solemnidad.

▸ Si no nos atrevemos a hablar, una forma de mostrar el desacuerdo será elevar ligeramente las cejas hacia arriba.

▸ Si tras una pregunta del tipo «¿qué le parece la oferta?» nos removemos en el asiento, estamos mostrando inconformismo.

▸ Es mejor no moverse y dar la respuesta, sabiendo que un «me parece bien» bajando la cabeza es tanto como mentir: lo asumimos pero no estamos conformes.

OTROS ASPECTOS A CONSIDERAR

Al margen de todos los puntos mencionados, durante las entrevistas y pruebas de selección de personal en las que tengamos que estar cara a cara con un analista de recursos humanos, tendremos presentes aspectos como éstos:

INTROVERSIÓN O EXTRAVERSIÓN

1. Lo que distingue una persona introvertida de otra que no lo es, suele ser su postura general.

2. La extrema inclinación al estar sentado, unida a los brazos cruzados protegiendo el cuerpo, es una posición defensiva bastante obvia.

3. El introvertido gesticula muy poco y siempre lo hace con las manos y brazos muy cerca del tronco, en cambio el extravertido amplía su círculo de acción.

4. Las personas muy cerradas suelen sentarse con las piernas en ángulo recto y los pies planos y juntos. Es mejor mantenerlos ligeramente separados aunque apoyados en el suelo.

SER DE CONFIANZA

1. Las manos en los bolsillos están terminantemente prohibidas, es un recurso gestual que suelen emplear los muy reservados, mentirosos o incluso aquellas personas que por sistema desconfían de los demás.

2. Debemos evitar en todo momento que nuestras manos queden situadas entre las piernas o incluso bajo éstas, porque estaríamos indicando temor y poca claridad para con los demás.

RELAJACIÓN O ANGUSTIA

1. Una forma de transmitir lo angustiados que estamos es encerrar el o los pulgares en el interior de la mano, protegiéndolos con el resto de los dedos.

2. Las posturas abiertas demuestran relajación, y la podemos confirmar con los brazos ligeramente separados del tronco o con las piernas alargadas en dirección al interlocutor. El cruce de piernas llamado «estilo americano» con el tobillo encima de la rodilla, es muy poco recomendable en una entrevista de trabajo, ya que puede manifestar extrema relajación y prepotencia.

07

LAS PRUEBAS DE SELECCIÓN

Un proceso de selección consiste en un conjunto de pruebas que se administran a los candidatos con el fin de encontrar la persona que cumpla las características y requisitos específicos para un puesto de trabajo.

En síntesis, podemos decir que las pruebas de selección tienen el objetivo de dar respuesta al «perfil del empleado» facilitado por el departamento o empresa demandante. En general, los profesionales que realizan la selección, en sus conversaciones, tienen en cuenta tres puntos básicos: formación, experiencia y nivel de capacidad.

1. Formación y estudios
Se valorarán los realizados hasta el momento, los que se están llevando a cabo y los que el entrevistado tiene en proyecto.

2. Experiencia profesional
Se tendrá en cuenta aquella que se posee en puestos similares o relacionados ocupados anteriormente.

3. La personalidad

Se evaluarán las habilidades que el candidato puede desarrollar en el ámbito de la empresa y del puesto de trabajo solicitado. Por supuesto, se intentará efectuar un análisis de su personalidad a fin de ver si cumple o no el perfil requerido.

PASANDO PRUEBAS

Las pruebas profesionales son ejercicios que evalúan si tenemos la destreza, características y conocimientos necesarios para desarrollar una actividad concreta. Suelen ser unas pruebas específicas y prácticas dentro de la profesión a ejercer, y pueden solicitarnos la resolución de un problema, la realización de un informe, el planteamiento de un proyecto o la reparación y montaje de un objeto o utensilio concreto.

Al margen de las pruebas debemos tener también en consideración la existencia de los tests de personalidad o sistemas codificados de evaluación psicológica. La finalidad es valorar las capacidades intelectuales básicas para la realización de tareas concretas relacionadas con el puesto de trabajo vacante e intentar predecir nuestra conducta en el ámbito laboral.

Para realizar dicha valoración se emplean psicotécnicos y cuestionarios con respuestas cerradas que se deben resolver en un espacio determinado de tiempo.

Existen numerosos tipos de tests, pero los que se utilizan de manera más habitual son los de razonamiento abstracto y los que a través de la lógica deductiva demuestran nuestra capacidad para extraer conclusiones a partir de unos datos concretos. Veamos los más relevantes:

1. TEST DE APTITUD VERBAL

Valora nuestra capacidad de comprensión y expresión tanto oral como escrita.

En este tipo de test también se evalúa la fluidez verbal, el nivel de vocabulario y la correcta utilización y dominio del idioma.

2. TEST DE APTITUD NUMÉRICA

Muestra nuestra capacidad para comprender, plantear y trabajar con operaciones numéricas y matemáticas.

En muchos casos no se permite el uso de máquinas calculadoras para llevarlo a cabo.

3. TEST DE APTITUD ESPACIAL

Ponen de manifiesto nuestra habilidad para diferenciar volúmenes, formas, posiciones en el espacio y distancias. Son tests que buscan explorar nuestra capacidad abstracta.

Este tipo de test señala también cuál es nuestra habilidad para representar mentalmente figuras y todo tipo de objetos en dos o tres dimensiones.

4. TEST DE APTITUD MANIPULATIVA

Se trata de una serie de pruebas que tienen la finalidad de orientar a los selectores sobre la precisión de nuestros movimientos y la destreza manual que poseemos.

5. TEST DE ATENCIÓN Y CONCENTRACIÓN

Este tipo de pruebas suelen consistir en una evaluación sobre nuestra concentración y atención mientras se nos impone una tarea monótona o reiterativa.

6. TESTS PROYECTIVOS

Suelen ofrecer una respuesta abierta que implica al candidato en la resolución del problema, proyectando su personalidad en la respuesta que ha facilitado.

ANTES DE EJECUTAR UN TEST

Los nervios nos pueden jugar una mala pasada a la hora de efectuar cualquier tipo de prueba, los tests no son una excepción, es más, algunos de ellos por su planteamiento pueden inducir al error, pues requieren una cierta agilidad que nos puede provocar que intentemos su resolución más deprisa de lo que sería necesario.

Éstas son las normas básicas que seguiremos cuando debamos enfrentarnos a un test, pero como siempre, si hemos podido practicar en casa, aunque sea con un libro de tests genéricos, las cosas nos irán mucho mejor.

1. COMPRENSIÓN

Debemos leer atentamente los enunciados, siguiendo a rajatabla las normas establecidas por el examinador.

En caso de duda lo mejor es preguntar sobre el tema que no nos quede claro.

2. CONCENTRACIÓN

Deberemos centrarnos en el test y olvidarnos de todo lo demás y de aquello que nos rodea.

Un cierto nivel de tensión también puede ser adecuado, ya que nos impedirá que a medida que el tiempo vaya transcurriendo aumente nuestra confianza y bajemos la guardia.

3. LECTURA EFICAZ

Debemos mantener la calma y aprender a leer con atención los enunciados, descifrar claramente lo que se nos está solicitando y no obviar ninguna alternativa de respuesta.

4. ECONOMIZAR TIEMPO

Nuestra prioridad debe ser llegar hasta el final de la prueba; por tanto, no perderemos el tiempo y dejaremos las respuestas más complicadas o que nos planteen dudas para el final, procediendo a responder primero las fáciles.

Tras el paso anterior, y por orden, iremos abordando una a una las que estaban pendientes.

Abordar de forma desorganizada las cuestiones pendientes puede provocar que olvidemos alguna respuesta.

5. SENTIDO COMÚN

La mayoría de las veces la solución está en la sencillez. Habitualmente, las respuestas correctas suelen ser las menos complicadas y las que se adaptan mejor a la lógica cotidiana.

6. CORRECCIÓN

Debemos plantearnos que estamos en una situación que bien pudiera ser de simulación de trabajo, mostrémonos pues colaboradores, laboriosos y responsables.

LAS PRUEBAS DE PERSONALIDAD

Lo que podríamos denominar «personalidad» es el acopio de hechos diferenciales que nos distinguen los unos de los otros. Es el conjunto de características que nos hacen destacar del colectivo y las circunstancias que pueden hacer que seamos aptos para un trabajo o función concreta.

Tengamos presente que hay aspectos generales de la personalidad que se valoran en cualquier puesto de trabajo. Veamos los más esenciales:

1. APERTURA Y ADAPTACIÓN AL CAMBIO
Consiste en valorar nuestra capacidad para utilizar nuevas tecnologías, asumir responsabilidades y desempeñar nuevas funciones trabajando en diferentes equipos humanos.

El analista busca lograr qué efecto pueden producir los cambios de vinculación en el sujeto examinado.

2. RECICLAJE Y APRENDIZAJE
Se trata de apreciar de una forma clara la capacidad de aprendizaje del individuo y su predisposición a la hora de ampliar y actualizar sus conocimientos.

3. POLIVALENCIA FUNCIONAL Y FLEXIBILIDAD
La mayoría de las empresas suelen ser pequeñas y medianas, por lo que no es de extrañar que la especialización o el trabajo exclusivo no sea siempre posible.

En el caso de las multinacionales o grandes empresas se valora, además de la especialización en un ámbito particular, la capacidad que podamos tener de realizar otro tipo de funciones.

4. COOPERACIÓN Y TRABAJO EN EQUIPO
Nuestra capacidad de trabajar en equipo se demuestra exponiendo nuestras propias ideas, valorando las ajenas y teniendo en

> **ESTUDIOS GRAFOLÓGICOS**
>
> Modalidad de test proyectivo muy utilizado, que se basa en el estudio de la escritura del candidato, analizando su letra en la carta de presentación del currículum o en cualquier otro documento presentado en el proceso selectivo.
>
> A pesar de que cada cual tiene su propia letra y forma de escribir, deberemos ser cuidadosos con: mantener la página ordenada, los márgenes regulares, la línea de la escritura en sentido horizontal o moderadamente ascendente, la letra legible, e incluir la firma profesional.
>
> Jaume Preime
Perito calígrafo

cuenta, a la hora de coordinar las actividades, las características especiales de cada uno de los elementos del grupo, procurando que cada cual sea capaz de ofrecer lo mejor de sí mismo.

Dentro de este apartado también podríamos incluir las habilidades que tengamos para la comunicación, la negociación, el pacto y la resolución pacífica de cualquier tipo de conflicto que se nos pueda presentar, tanto en el apartado meramente profesional como en el ámbito de las relaciones interpersonales.

5. ADAPTACIÓN A LA FILOSOFÍA DE LA EMPRESA

Consiste en conocer y hacer nuestros los valores de la empresa, adaptarnos a su filosofía y, en definitiva, tener una predisposición corporativa en lo que respecta a nuestros objetivos y nuestras funciones.

6. IMPLICACIÓN

Cualquier empresa valorará que su personal se implique e ilusione en sus logros, objetivos y proyectos, viviendo, en cierta forma, los triunfos de la sociedad laboral como propios.

7. PERSPECTIVAS Y VISIÓN DE FUTURO

O, lo que es lo mismo, tener el don de la oportunidad y la suficiente visión comercial para prever dónde pueden surgir nuevas posibilidades de negocio y las tendencias del mercado.

Se analiza a la persona para ver cuál es su capacidad en dicho terreno o si, por el contrario, se trata de alguien que puede acomodarse con facilidad a una serie de obligaciones, sin pretender ir mas allá de lo que está establecido. En este sentido, diremos que para una empresa tan peligroso puede ser un «trepador» que alguien excesivamente conformista.

8. AUTONOMÍA Y DECISIÓN

Disponer de suficiente capacidad resolutoria para ser autosuficientes en la solución de la mayoría de los problemas que se nos vayan planteando sin depender constantemente del apoyo o consenso con terceras personas.

9. MOVILIDAD GEOGRÁFICA

Existe la posibilidad de que la empresa que precisa de personal tenga delegaciones en la provincia e incluso en el extranjero; por eso, puede contemplarse la eventualidad de que nos soliciten un traslado o un cambio temporal o definitivo de residencia.

10. ESTUDIOS COMPLEMENTARIOS

Los más elementales son los idiomas, especialmente el inglés y la informática, como mínimo en el ámbito de usuario.

La mayoría de las empresas, además de los estudios de formación tipificados, valoran también nuestra participación en estudios de tercer ciclo, como postgrados, másters o cursos de especialización.